中学公民 生徒が夢中になる！

アクティブ・ラーニング&導入ネタ80

橋本 康弘 編著

明治図書

◆はじめに◆

　先生方は，公民の授業を行うことが得意ですか？　おそらく，先生方の多くは，「地理好き」「歴史好き」が高じて教師になっておられるのではないでしょうか。むしろ，公民を教えることに苦手意識をもっている方が多いのではないでしょうか。公民は，政治や法，経済，国際などの領域から成り立っており，「政治」を教えることは得意だが，「経済」は苦手，といった先生もおられるでしょうし，その逆もおられるでしょう。地理や歴史と違って，多様な社会科学を基盤に成り立っているのが公民学習です。その「成立事情」もあり，領域ごとで「教えやすさ」「教えにくさ」があるのではないか，と思われます。

　その「教えにくさ」が結果として，「暗記型授業」を引き起こしていると思われます。教科書中心に押さえるべき太字の知識や概念を「わかりやすく」教えていく，こういった授業が各地で展開されてきています。

　ただ，受験指導の授業だけでは，公民学習が「矮小化」されます。公民学習は，「社会を読み解く目」（社会的見方や考え方）を育てるだけではなく，市民として将来の社会をつくり上げていくうえで不可欠になる社会問題（課題）を生徒自身が多面的に多角的に考察することを目的としているからです。

　本書では，「公民学習」を充実させるために，2つの側面から授業の「ネタ」を提示することとしました。一つ目は，「導入ネタ」。一つの授業を行う上で，普段の授業の「アクセント」として用いることで，公民学習そのものへの関心を高めることをねらいとした教材提示。2つ目は，「アクティブ・ラーニングネタ」。各々の項目に該当するテーマ・論題を「アクティブ・ラーニング」（討論や議論など）を通して考察することを通して，公民学習の目的の一つの達成をねらいとした教材（授業）提示。この2つの側面から，様々な「ネタ」を有力な先生方に提供していただきました。普段の授業の改善のために，本書をご活用いただければ幸いです。

2016年3月　　　　　　　　　　　　　　　　　　編著者　　橋本　康弘

はじめに

1章 中学公民 授業の在り方と生徒が夢中になる！授業づくりのポイント

1 「生徒が夢中になる！」授業を科学的に論じるのは難しい ……… 10
2 公民学習のねらい ……………………………………………………… 11
3 公民学習で「生徒が夢中になる！」授業の実際―その成功例 ……… 15
4 公民学習で「生徒が夢中になる！」授業の条件―その成功例から読み解く …… 17
5 アクティブ・ラーニング全盛の時代を前に ………………………… 18

2章 中学公民 生徒が夢中になる！アクティブ・ラーニング＆導入ネタ80

【私たちと現代社会】

1 インターネットの功罪を考える ……………… 情報化社会 導入 20
2 マイナンバー制度は生活をどのように変えるのだろう？ ……………………… 情報化社会 導入 21
3 ビッグデータ時代について考える ……………… 情報化社会 AL 22
4 グローバルコミュニケーションツール ……… グローバル化 導入 24
5 空飛ぶバラは，どこからやってくる？ ……… グローバル化 導入 25
6 国境を越えるマクドナルド ……………………… グローバル化 AL 26
7 自分と同い年の人は何人いるの？ …………… 少子高齢社会 導入 28
8 2080年の日本の人口 ……………………………… 少子高齢社会 導入 29

9	女性の社会進出と少子化 ………………………	少子高齢社会	AL	30
10	妖怪から読み解く日本文化 ……………………	日本の伝統・文化	導入	32
11	オムライスは和食？ ………………………………	日本の伝統・文化	導入	33
12	まちづくりシミュレーション …………………	日本の伝統・文化	AL	34
13	対立と合意をわかりやすく ……………………	対立と合意	導入	36
14	部活動のレギュラーをどうやって決定する？ …	効率と公正	導入	37
15	路上喫煙・ポイ捨てに過料を科すべきか………	効率と公正	AL	38

【私たちと経済】

16	私たちの消費活動は「契約」である！ ………	消費生活	導入	40
17	レシートを見ると秘密がいっぱい！ ―同じ商品で価格が違う………………………	市場経済	導入	41
18	スーパーマーケットの広告から 小売店の販売戦略の秘密を探る………………	市場経済	導入	42
19	一番もうかる企業は誰のプラン？ ……………	企業	導入	43
20	商品購入でトラブルが起こったらどうする？ ………	消費生活	AL	44
21	修学旅行はいつ行くとお得なのだろうか？ …	市場経済	AL	46
22	アイスクリーム屋さんをつくろう！ …………	企業	AL	48
23	タクシー運賃は公共料金,市場価格？ どちらがいいの？ …	金融	導入	50
24	クイズで考える,日本銀行っていったいどんな銀行？…	金融	導入	51
25	円高，円安どっちが良いの？ …………………	金融	AL	52
26	日銀の金融政策っていったいどんなことをしているの？ …	金融	AL	54
27	「働かざる者食うべからず」？ 勤労の義務と生存権…	勤労・労働	導入	56
28	「週休3日制」が話題になる理由とは ―日本の労働環境………………………………	勤労・労働	導入	57
29	生活の豊かさとは何か？ 働く意義と労働者の権利 …	勤労・労働	AL	58
30	女性が働くと少子化が止まる!? ―労働環境と労働問題…………………………	勤労・労働	AL	60
31	生命保険と社会保険，どう違うの？ …………	福祉・社会保障	導入	62

32	老人ホームって何種類もあるの？ ……………	福祉・社会保障	導入	63
33	少子化なのに，なぜ待機児童が生じるの？ ……	福祉・社会保障	AL	64
34	高齢化が進むと医療費は増えるの？ …………	福祉・社会保障	AL	66
35	「こんな税にあんなきまり……」 笑った後はその効果も考えてみよう …………………	財政	導入	68
36	パーフェクトを目指せ！ 国税庁のクイズに挑戦！ ……	財政	導入	69
37	身近な予算案から効率と公正の考え方を学ぼう ………	財政	AL	70
38	誰にいくら税を負担してもらう？ それはなぜ？ ………	財政	AL	72
39	「中学校を民営化！ 学費は年間100万円」 あなたならどうする？ …………………………	政府の役割	導入	74
40	安売り禁止！ それって経済活動への介入？ それとも…… …………………………………	政府の役割	導入	75
41	究極の少子化対策！ 中学生までに月5万円支給？ それってできる？ ……………………………	政府の役割	AL	76
42	結婚しないって本当ですか？ 働き方と社会保障と家族の変化…………………	政府の役割	AL	78

【私たちと政治】

43	日本国憲法で最も大事なものは何か …………	日本国憲法	導入	80
44	独裁政治は絶対に許されないか………………	日本国憲法	導入	81
45	テロに遭った航空機を撃墜することは許されるか …	日本国憲法	AL	82
46	火災が発生！ 消防士は誰？ …………………	平等権	導入	84
47	銭湯は自由につくれない？ ……………………	自由権	導入	85
48	入試で女子を優遇してよい？ …………………	平等権	AL	86
49	数百人の命がかかる爆弾の隠し場所を 拷問で聞き出してよい？ ………………………	自由権	AL	88
50	労働基準をつくってみよう ……………………	社会権	AL	90
51	インフルエンザになると出席停止に なるのはなぜ？ …………………………………	公共の福祉	導入	92

52	これは表現の自由なの?!	新しい人権	導入	93
53	なぜ，マンション上部は斜面になっているのだろう	新しい人権	AL	94
54	私たちにはどのような権利が認められているの？	新しい人権	AL	96
55	主権者はあなた！ 町をよりよくする提案をしよう	参政権	AL	98
56	都・道・府・県。一体全体どう違う？	地方自治	導入	100
57	市町村議会に無所属議員が多いわけ	地方自治	導入	101
58	地方自治は大切だ！	地方自治	AL	102
59	ふるさと納税は地方を救う？	地方自治	AL	104
60	国会議事堂の秘密を探ろう	国の政治のしくみ	導入	106
61	国会議員の秘密を探ろう	国の政治のしくみ	導入	107
62	大臣の秘密を探ろう	国の政治のしくみ	導入	108
63	法曹三者の秘密を探ろう	国の政治のしくみ	導入	109
64	議員定数削減問題，本当に日本の議員の数は多いのか？	国の政治のしくみ	AL	110
65	首相公選制，我々有権者が首相を選べるようにするのか？	国の政治のしくみ	AL	112
66	裁判員制度を導入したことは良かったのか，悪かったのか？	国の政治のしくみ	AL	114

【国際社会の諸課題】

67	北極の氷がとけると紛争の火種に？	世界平和	AL	116
68	コカ・コーラは自由の味？ 冷戦の雪どけ	世界平和	導入	118
69	マグロとODAの深い関係 —日本の国際貢献	国際社会	導入	119
70	グアムやタヒチは国家か？	国際社会	導入	120
71	日本が条約を結んでいる国	国際社会	導入	121
72	さまざまな条約	国際社会	AL	122
73	国際社会における多様性と不寛容	国際社会	AL	124
74	国連事務総長の就任法則を探せ！	国際機関	導入	126

75	サミットは世界の頂上国の集まり？ ……………	国際機関	導入	127
76	国連本部がニューヨークにある理由 ……………	国際機関	AL	128
77	日本は国連の敵？ ……………………………………	国際機関	AL	130
78	社会的ジレンマから考える持続可能な社会 …	持続可能な社会	導入	132
79	ダイヤモンド・ランキングで考える 　―持続可能な社会を実現するためには …………	持続可能な社会	導入	133
80	「フードデザート」問題を考える 　―持続可能な社会の実現に向けて ………………	持続可能な社会	AL	134

おわりに

1章

中学公民
授業の在り方と
生徒が夢中になる！
授業づくりのポイント

「生徒が夢中になる！」授業を科学的に論じるのは難しい

　筆者に与えられた課題は，主として「生徒が夢中になる！授業づくり」のつくり方（ポイント）について言及することである。このテーマで筆者が思い浮かぶのは，有田和正先生の諸実践である。「児童のはてな」を引き出すために多様な教材を作成し，授業に臨む。小生が以前拝見したのは，「地図の見方」の授業であったが，子どもたちは，自発的に地図（帳）の見方を理解し，子どもたちの学びを深めていった。これまでの社会科教育学研究では，有田先生や，歴教協の加藤公明先生他，多数の著名な実践家の実践を分析する過程の中で副次的に「生徒が夢中になる！」授業づくりのポイントも明らかにしてきた。著名な実践家による実践を踏まえ「見よう見まね」で「追試」をすることも可能だろう。ただ，学校現場は実に多様である。生徒自身は，個々で興味・関心が異なるし，生徒が住む地域や生活環境，教師のパーソナリティ，担任や学校の指導方針，クラスの生徒の実態，学習する分野に対する生徒自身の興味・関心，など，この問題を議論するには，多様な要素が絡み合い，一般的に「生徒が夢中になる！」授業とは何か，といった命題で科学的に整理するのは難しい。そのため，本稿では，この命題についての一定の回答を得るために，すなわち，「生徒が夢中になる！」授業の在り方を提示する前に，そもそも，学習指導要領に「縛られる」学校現場において，公民学習はどのように行われるべきとされているのか，について最初に言及する。なぜなら，公民学習の目指すものを踏まえた「生徒が夢中になる！」授業をつくる必要があるからである。本稿では，まず「公民学習において扱う知識とは何か」「その知識を習得し，活用したり，（探究する）学習とはどのようなものなのか」「習得したり，活用するための授業の方法論として言語活動があるが，社会科公民学習で重視すべき言語活動とは何か」について整理する。その後で，前述したように「生徒が夢中になる！」授業の在り方は，一般論的に論じにくいため，筆者がこの間，拝見した「生徒が夢中にな

る！」授業の事例について、指導案などに基づいて述べていく。そして、その授業が、なぜ「生徒が夢中になる！」のかについて、私見を論じたい。そうすることで、「生徒が夢中になる！」授業の在り方を読者各々が私論を参考に考えていただければ幸いである。

2 公民学習のねらい

(1) 公民学習において扱う知識
① 公民で扱う知識は「三層構造」で示すことができる

公民学習において扱う知識とは何か。一般的に社会科で扱う知識について、図1のように構造を示すことができる。「三層構造」の「三層」目は、世の中にあまたある社会的事象のことを指す。公民学習で扱う知識であれば、例えば、制度やしくみ、また、あまた発生する社会的問題も

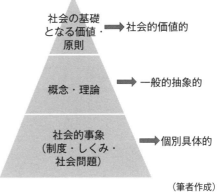

図1　社会科で扱う知識の「三層構造」

ここに位置づけることができる。「三層構造」の「二層」目は、概念や理論である。概念や理論とは、社会科学の研究成果のことであり、公民学習では、政治学や経済学、法学の基礎的・基本的な知識を意味する。一般的に抽象度が高く、生徒にとっては理解が難しい内容となっている。「三層構造」の「一層」目は、社会を基底する価値に当たるものである。わかりやすく言うと「思想」とでも言えるだろうか。社会の在り方を整理するための「思想」。例えば、功利主義的な社会が望ましいのか、共同体的な社会が望ましいのか、自由主義的な社会は駄目なのか、一世を風靡したサンデルの議論を顧みれば、「一層」目に位置づく知識をイメージできるのではないか。なお、公民学習で重視しているのは、「二層」目に当たる概念や理論になる。

② 公民学習で養う社会的見方や考え方は「概念」の定着があって初めて成り立つ

概念をなぜ公民学習で重視しているのか。それは、「社会を読み解く目」＝社会的見方や考え方を養ううえの基礎になるものが概念や理論と整理されているからだ(図2参照)。社会制度しかり、社会問題しかり、いずれも、社会の本質を見抜くためには、科学的な知識がその基盤になる。「サンマの値段が上がった」という記事を最近目にした。どうも、「ある国によるサンマの乱獲がその原因」との記事内容だが、それだけでは、社会の本質を読み解いたことにはならない。サンマの乱獲があったとしても、サンマを購入する人が少なければ、値段が上がることはない、からである。あくまで、供給と需要の関係の下で説明しないと、正確な説明とならない。「社会を読み解く目」を基礎づけるのは、科学的な知識や概念ということになる。では、公民学習では、科学的な知識や概念をどのようにカリキュラム上、配置しているのか、次に論じる。

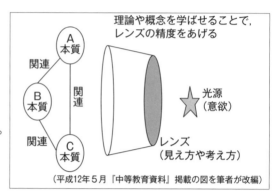

図2　社会的見方や考え方とは？

(2) 公民学習における習得・活用（・探究）の考え方

平成20年版学習指導要領は、「習得・活用（・探究）」の考え方に基づいて、各教科・領域の内容が整理された。公民学習も同様である。そもそも、習得・活用（・探究）の考え方はどこから引用されるものなのか。

> 生涯にわたり学習する基盤が培われるよう、基礎的な知識及び技能を習得させるとともに、これらを活用して課題を解決するために必要な思考力、判断力、表

現力,その他の能力をはぐくみ,主体的に学習に取り組む態度を養うことに,特に意を用いなければならない。　　　　　　　　（学校教育法第30条第2項）

　学習指導要領も「上位法」である教育基本法や学校教育法に「縛られている」。この「上位法」が変更されることがない限り,この条文の規定を踏まえたものになる。この条文の内容は次の通りである。
・基礎的な知識及び技能を習得させる。
・これらを活用した課題を解決するために必要な思考力,判断力,表現力などをはぐくむ。
・主体的な学習に取り組む態度を養う。

　この規定を受けて,平成20年版学習指導要領中学校社会公民は,図3のようなカリキュラム編成とし,公民的分野を通底する概念的枠組みとして,「対立と合意,効率と公正」を設定した（大項目(1)）。そして,大項目(2)以降で,経済,政治,国際社会に関する知識や概念を位置づけ,それらを習得させることとした。

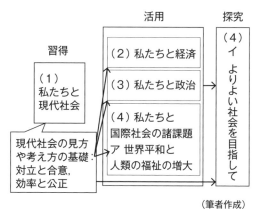

図3　公民的分野の全体構造について

また,大項目(1)で学んだ「対立と合意,効率と公正」を大項目(2)以降で「活用」して課題を解決するカリキュラムとした。大項目(4)イでは,探究単元として,持続可能な社会形成のための社会の在り方を考える「卒論単元」とした。

(3) 公民学習における言語活動の在り方―アクティブ・ラーニングとの関連
　基礎的な知識及び技能を「習得」させ「活用」するために,すなわち,思

考力，判断力，表現力などを養うために，平成20年版学習指導要領では，「言語活動」を重視したのは，周知のことだろう。中学校社会公民的分野では，先述したように，大項目(2)以降で，各中項目ごとで，「対立と合意，効率と公正」を活用する学習や，その中項目で学んだ知識や概念を「動員」して考察する課題を設定し，その課題について考察することで，思考力，判断力，表現力などを養うこととした。学習を構成するうえでは，以下のような学習（言語）活動を組み込むことを重視した。

> 　分野全体を通して，習得した知識を活用して，社会的事象について考えたことを説明させたり，自分の意見をまとめさせたりすることにより，思考力，判断力，表現力等を養うこと。また，考えさせる場合には，資料を読み取らせて解釈させたり，議論などを行って考えを深めさせたりするなどの工夫をすること。
> 　　　　　　　　　　　　　　　　　　　　　　　　　　　（中学校学習指導要領社会）

要点をまとめると次のようになる。
・社会的事象について<u>考えたことを説明させる</u>。<u>自分の意見をまとめさせる</u>。
・考えさせること：<u>資料を読み取り</u>，<u>解釈させる</u>。議論を行い，考えを深めさせる。
　下線部を特出し，社会科学習で重要な言語活動をまとめる。
・<u>資料を読み取る</u>：資料の読み取りの学習では，資料を読解し，何が事実で何が意見なのか，見極める学習も重要になる。ここで，新聞を活用するなどの方法がある。また，データやグラフから，どのような「事実」が読み取れるのか，単純な棒グラフ，折れ線グラフ，だけではなく，面グラフ（積み上げ面グラフ）といった複雑なグラフを提示し，基礎的な技能の習得を図る。
・<u>資料を解釈させる</u>：資料から読み取った「事実」をもとに解釈させる。その際，同じ資料から複数の解釈（意味づけ）が行えることが多面的・多角的な考察につながる。

・考えたことを説明させる：資料やデータから読み取った「事実」や「解釈」をもとに「説明」させる学習を組み立てる。社会科言語活動における「説明」する学習とは，(1)因果関連を説明すること，(2)目的＝手段関連を説明すること，の２通りになる。
・自分の意見をまとめさせる：資料を読み取って，その内容を「解釈」したり「説明」する中で，自分の意見をまとめ上げていく学習である。

　なお，議論や討論の方法について，最近，付箋を使って生徒自身の意見を出し合ったり，ホワイトボードを使って話し合うなどの方法が中教審の審議のまとめなどにも示されている。参考にしていただきたい。

3　公民学習で「生徒が夢中になる！」授業の実際—その成功例

　これまでは，公民学習のねらいを示してきた。このねらいを達成させるための「生徒が夢中になる！」授業づくりでなければならない。では，筆者がこの間，拝見した授業例を紹介しながら，「生徒が夢中になる！」授業の在り方を検討したい。その授業は，平成27年11月5日に拝見した静岡大学教育学部附属島田中学校での単元「現代の民主政治と社会」に該当する授業である。単元は10時間構成であり，筆者が拝見した9時間目の指導略案は次の通りである。

表1　島田中学校の「現代の民主政治と社会」の単元構成

時	授業名・授業内容	
1	憲法はどこで作られる？（国会の仕事のランキング他）	習得
2	国会の仕組み（衆議院と参議院の違いを理解する）	
3	国会議員を選ぶ（衆議院と参議院の選挙制度の違いを理解する）	
4	日本の政治（日本の政治の課題を新聞などを参考にして考察する）	
5	日本の課題（日本の未来の電力の在り方を考察する）	活用
6～8	国会議員に立候補しよう（日本の未来の電力の在り方について意見をまとめる）	
9	党首討論をしよう（**本時**）	
10	内閣総理大臣を指名しよう	

『平成27年度第61回教育研究発表会社会科研究紀要』公民的分野 p.3より筆者作成

表2 島田中学校の9時間目の授業構成

学習活動	支援及び留意点
○本時の授業の流れを確認する。 ○今までの学習課題と各政党の主張を資料から確認する。 ・日本の電力の在り方について調べた。 ・発電と結びつけ，自然エネルギー中心の発電にすると，地球環境にも良いと考えた。 ・日本の未来や地理的特色を考えて，これからの発電方法を考えた。 ・海外を参考に様々な発電方法を考えることができた。 日本の未来（2030年）の電力の在り方について考えよう。 ○各政党が考えた電力の在り方を発表しよう。 ・日本のエネルギー資源を海外に頼るのではなく，自国で発電できる方法にするべきだ。貿易による赤字も減るのではないか。だから，水力や自然エネルギーを中心に推進してみてはどうか。 ・日本のもっている発電についての技術を海外にも提供して，地下資源を輸入する方法も考えられる。 ・経済を優先的に考えると，コストの低い発電を考えないといけない。やはり効率よく発電することができる原子力発電も必要な気がしてきた。 ・グローバル化しているから，地球環境によい発電を意識して，持続可能なものにすべきだ。 ・地球環境のことを考えると，これ以上火力発電を増やして温室効果ガスを排出するのは避けたい。 ・最も安全面を考慮すると，再生可能な自然エネルギーも考えられるが，現状では増えていない。 ○フロアーの人たち（国民）からの質問はないですか。 ・人口が減少することが予想されるので発電量も減るのではないか。 ・自分の暮らしが楽になる発電方法は何だろう，他。 ○今回の学習を通して，国会議員や将来の主権者としてあるべき姿とはどのようなものだろう。 国会議員のあるべき姿：より多くの国民の声を取り入れる姿勢。経済面だけではなく，広い視野から物事を決定すること，他。 主権者のあるべき姿：国会議員のみに任せるのではなく，日本の将来を考える姿勢が大切だと感じた。政治に関心をもち，積極的に新聞やニュースを見る姿勢が大切だと感じた。	事前に座席配置を変えておく。 ・各政党の選挙ポスターを掲示し，選挙広報や追究紙を事前に分けておく。 ・授業の流れは，パワーポイントで説明する。 ◎現代日本の政治の特色や課題をとらえ，日本の未来のためによりよい方法を考え，討論することができたか（思考・判断・表現）。 ・「効率と公正」や「安全性」「経済性」「将来性」などの概念を活かすことを伝える。 ・党首討論の議題を全員で考えるよう広げる。 ・党首討論の途中でもフロアからの質問があれば，取り上げるようにする。 生徒の意見を整理する。

『平成27年度第61回教育研究発表会社会科研究紀要』公民的分野 pp.4-5より筆者作成

4 公民学習で「生徒が夢中になる!」授業の条件―その成功例から読み解く

　前述の単元計画・指導案からでは読み取れなかった実際の授業の様子も含めて，ここでは論じたい。

① タイムリーな時事問題であり，生徒が住む浜岡原発にも関わる生徒の切実性を伴う問題である

　原発事故の問題もあり，また，原子力発電所が再稼働する中で，日本のエネルギー政策をどうするべきなのか，については，過去の問題ではなく，今，現在の問題となっている。また，生徒自身が住む静岡県には浜岡原発を抱えており，生徒自身が通う島田中から浜岡原発までは車で1時間かからない。生徒が切実感をもって考えやすい問題になっている。

② 多様な意見形成が可能であり，この問題に内在する対立関係を生徒自身が見通しやすい問題である

　日本の「エネルギー・ベストミックス」を考察する作業。これは，すなわち，「原子力」「火力」「水力」「再生可能エネルギー」の割合を生徒自身に考察させると同時に，その割合になった理由を問う。「経済性」「将来性」「安全性」「環境」などを分析枠組みとして捉えると，例えば，「経済性」や「安全性」それぞれのどちらかを優先的に捉えるのか否かで，原子力発電の割合の増減が決まってくる。この問題を政策科学的に分析するうえで必要になる分析枠組み自体が，生徒たちにとって受け入れやすい，すなわち，生徒自身が見通しをもって考えやすい問題になっていると評価できる。

③ 政党の党首に見立て，自分自身が打ち出す政策と政党名をリンクさせるなど，活動的かつ論理的な学習活動になっている

　生徒は，「政党の党首」となり，日本の今後を考えて，日本の「エネルギー・ベストミックス」を提案する。「政党の党首」は自分たちの主張に説得力をもたせるために，多様な根拠資料を集めて，自分たちの主張を創り出していた。そして，自分たちの主張をわかりやすく「政党名」に表現する。

「政党名」が自分たちの政策の要約になっているのだ。例えば，「現実開発党」は，次のような政策を打ち出していた。

> **政党名**：現実開発党　**目指す社会**：発電量増加に伴い，積極的な技術開発
> **主張**：2030年までの，15年という非常に短い時間の中で，各原発に堤防を建設し，2025年には全ての原発で再稼働していく。北米からのLNGガスの輸入の活発化に伴い，コストがかかる石油火力発電の割合を徐々に減らし，その跡地にLNG火力発電を建設していく。2030年までは，予算を増やしてまでも投資し，将来性のある電気生産システムを確立していく。
> 　　　　　　　（エネルギー・ベストミックスに関するグラフは紙幅の関係上，省略）

　生徒たちは，自宅でもこの授業のために資料収集を行うなど，熱心に取り組んでいたようだ。政策論題に対して，生徒自身が分析枠組み（概念）を用いて分析し，自分たちの意見を資料などを読み解き，意味づける中でまとめていった理想的な活用型授業となっていた。

5 アクティブ・ラーニング全盛の時代を前に

　次期学習指導要領では，「アクティブ・ラーニング」「協働的な学び」などといったキーワードを踏まえた改訂作業が進むだろう。また，先述したように，学校教育法などの関係条文の改正がない限り，「思考力，判断力，表現力」の育成をより一層重視する改訂になるだろう。公民学習では，その学習のねらいを達成するためのアクティブ・ラーニングでありたい。そのためには，まず，生徒自身が興味・関心をもって取り組む学習課題の設定が重要になる。また，同時に，政治，経済，国際などの領域で学ぶ知識や概念が習得できるように学習を組織していく必要がある。特に，「エネルギー・ベストミックス」問題のような社会問題を取り上げる際は，分析枠組み（概念）を事前に提示することで，生徒がより社会的説得的な主張をつくり上げる（「大人の社会（的意見）」が学べる）授業でなければならない。いろいろな制約条件の中で，生徒自身が公民学習を楽しむことができるような工夫も必要である。

（橋本康弘）

2章

中学公民
生徒が夢中になる！
アクティブ・ラーニング
＆導入ネタ80

- ●私たちと現代社会 ─── 20
- ●私たちと経済 ─── 40
- ●私たちと政治 ─── 80
- ●国際社会の諸課題 ─── 116

情報化社会

1 インターネットの功罪を考える

導入ネタ

ネタ→授業化のヒント

生活の一部と化したインターネット。最近の社会的話題においてインターネットが果たした役割を考察することで，その影響の大きさを考える。

●次の「できごと」でインターネットが果たした役割とは？

① 東京オリンピックロゴ問題

　2015年8月，デザイナー佐野研二郎氏によりデザインされた2020年東京オリンピックロゴに，盗作疑惑が浮上。「宝探し」的に，インターネット上での疑惑の指摘が相次ぎ，ロゴは白紙撤回される騒動に。その一方で，佐野氏への誹謗中傷も激化。偶然の類似か盗用か，をめぐって議論がなされた。

② ポッキー誤発注騒動

　2014年11月北九州市立大学生協で，江﨑グリコ製造の菓子「ポッキー」が誤発注された。その原因は，注文用端末に「320個」と入力されるはずが，人為的ミスにより「10個入りパック×320」と誤って発注。果たして3200個のポッキーは，TwitterやLINEによって瞬く間に学生の間に情報共有され，完売したという。

　インターネットの普及は，多岐にわたる情報を速く，広く発信するとともに，国や地域，年齢，性別など様々な属性の人同士の相互交流を容易にした。一方で，誤った情報の流布，ブログなど書き込みの匿名性を利用した誹謗中傷，炎上問題など，それによってまた新たな問題も生じている。それら両面を認識したうえで，子ども自身がこの情報化社会をいかに生きていくべきか。他人事ではなく，自分事として，立ち止まって考えさせたい問題である。

（柴田康弘）

> 情報化社会

2 マイナンバー制度は生活をどのように変えるのだろう？

導入ネタ

> ネタ→授業化のヒント

2015年，賛否両論渦巻く中，導入が決まったマイナンバー制度。我々はこの制度とどのように関わるか。情報化と制度の現実に向き合うことに迫る。

●マイナンバー制度ってどんな制度？

　人気ロックバンドの替え歌で始まった甘利明前経済財政担当大臣の記者会見（2015年5月26日）がニュースで報じられた。大臣の説明する「マイナンバー制度」は，国民一人ひとりに12桁の個人番号を割り振り，社会保障・税制度の効率性，透明性を高め，国民の利便性の高い公平・公正な社会を実現するという。情報化の進展に伴うビッグデータの活用を背景として，面倒な行政手続きの簡略化や，時間短縮，正確性の向上，不正受給の防止，予防接種の管理，奨学金の受給など様々なメリットが示されている。その一方，情報漏れや預金口座への適用は，プライバシー権の侵害にあたるとの問題の指摘や，国民への周知不足（例えば，広報用ロゴマークの「マイナちゃん」を知っているかどうか生徒に問うてみる），小規模自治体の対応苦慮などのマイナス面も指摘されるなど，賛否両論が渦巻く中での制度開始となった。現状，どのような制度設計がなされ，どのような賛否があるのかを調べさせたい。さらに今後，制度がどのように進んでいくのかについて関心をもたせることで，リアルな社会についての問題意識を継続させたい。

> 主な参考文献

・読売新聞2015年9月19日付朝刊「基礎からわかるマイナンバーの手続き・活用」
・政府広報オンライン「特集 社会保障・税番号制度〈マイナンバー〉」http://www.gov-online.go.jp/tokusyu/mynumber/

（柴田康弘）

情報化社会

3 ビッグデータ時代について考える

ネタ→授業化のヒント

情報化社会の進展に伴うビッグデータの普及。専門家の知見に学びながら，近い将来の生活の変化について予測することで，情報化社会の未来，そのあり方を考えさせる。

1 ビッグデータとは？

　ビッグデータの活用は，すでに研究段階を超えて実生活の至る所にすさまじい広がりを見せている。鈴木（2012）は，「レストランの業態変化」を仮想の事例として挙げる。曰く，過去の来店や注文の履歴，性別，年齢，体格などから最適化されたメニューの表示，位置データ活用による来店時の空腹具合の把握，売れ残り食材を出さないための在庫とメニュー表示の連動などなど……。そのキーワードは「最適化」であり，効率よく顧客のニーズに応える「おもてなし」としてのサービスが実現できる。一方，それをできない事業者は駆逐される危惧すらあるという。

　こうした社会の到来の予測は，私たちの様々な個人情報が，一瞬のうちに分析・利用されることが前提である。これら膨大な情報＝「ビッグデータ」を活用する社会の実現に向けた技術革新は，知らぬ間に驚くべきスピードで進展している。ビッグデータによる便利で快適な社会の実現と，個人情報の保護をいかに考えるべきか。今後，子どもたち（いや，われわれ大人も……）が社会生活を営むうえで避けて通ることのできないこの課題について考察することは，意義深いといえよう。

2 授業展開

教師の発問，指示内容など	期待する答え，パフォーマンス
○レストランでの入店から注文した品が出てくるまでの様子をシミュレーションしよう。	・客（自分）と店員とのやりとり→メニューを見て悩み注文→商品が提供される，など。
○【資料①】を読み，感想を発表しよう。	・お客のニーズに合わせた商品の提供

導入	○ビッグデータの定義 ・高解像，リアルタイム，多様・非構造の特性をもつデータ【資料②】	・何だかすべてお見通しで怖い，など。
	ビッグデータで私たちの生活の何が，どう変わるの？	
展開	○ビッグデータって何で「ビッグ」なの？【資料③】	・データの大きさ（量）がビッグなだけでなく，どのように利用されるか（質）のビッグさ，例えば出所の多様さ，役立つ知見の多様さといった特徴をもったデータである。
	○ビッグデータってもう使われているの？	・もともとコンビニエンスストアで見られたPOSシステムに，ポイントカードなどの情報が紐付けされて，いつ，誰が，どこで，何を，どのくらい買ったか，どんな傾向があるかなどが把握される。ビッグデータ活用の先駆けとも言えそうだ。
	○ビッグデータを活用すると，従来の商業，サービス業はどのように変わるだろう。グループで予想してみよう。また，その予想を，鈴木良介氏の予想と比較しよう。 ・回転寿司　・自動車保険 ・医療　など	・予想（略） ・『ビッグデータビジネス』では，こんなことまで可能になるとの予想がなされているな。
	○ビッグデータは良いことずくめか？課題はないか。【資料④】	・プライバシーへの配慮。 ・データを活用するのは人。膨大なデータを分析し活用できる人材育成が急務。どのように役立たせることができるかは人次第。
終結	○学習を踏まえて，15年後：2030年の社会を予測し，未来新聞「ここまで来た！ビッグデータを活用するスーパーマーケット」の見出しで，新聞記事（記事，仮想の写真またはイラスト）を書こう。ただし，取材（顧客の声）をしたと仮定して，良さと課題の両面を取り上げた記事を書くこと。	（・新聞作成：略） ［評価］ ・ビッグデータ活用による，スーパーの具体的な変化の様子を説明している。 ・ビッグデータによる顧客満足度の向上だけでなく，プライバシーやデータ分析などの課題についても触れていること。

【資料】
①鈴木良介『ビッグデータビジネス』日経文庫，2012，pp.16-17　　②前掲書，p.19
③総務省『平成24年版情報通信白書』p.153　④前掲①，p.4，p.198

3　評価の仕方

　終結における「未来新聞」記事作成において評価する。その新聞記事中に，スーパーマーケットの様態の変化を引き起こすであろうビッグデータによる業務効率・顧客満足度向上といった「プラス効果」，データの取り扱いや活用の難しさ，ハード整備へのコスト負担増大といった「懸念」の両面からの説明があることを基準としたい。

（柴田康弘）

グローバル化

4 グローバルコミュニケーションツール

導入ネタ

> ネタ→授業化のヒント
>
> トイレや非常口のイラスト表示は，言語よりもわかりやすい。世界共通の言語となりえるイラスト表示は，グローバル社会の必須ツールである。

1 ピクトグラムとは

　図形と記号を合わせ，何らかの情報や注意を示すために表示される視覚記号（サイン）をピクトグラムという。日本においては，1964年の東京オリンピックを機会に，ピクトグラムの使用が発案，開発されるようになった。

トイレのピクトグラム

2 ピクトグラムとグローバル化

　グローバル化が進展することで，異文化コミュニケーションの重要性が増してくる。そのため，言語だけでなく，教育や年齢，経験の差を越えて即時的にわかるピクトグラムは，今後さらに広がっていくことが予想される。

　そこで，授業では，グローバル社会においては，言語によるコミュニケーションだけでなく，ピクトグラムのような視覚的なコミュニケーションも必要であることに気づかせることをねらいとする。そのため，ある国に旅行に行って，トイレを探すシミュレーションを設定する。例えば，アラビア語で書かれた「トイレ」「駅」「バス乗り場」の３つの表示からトイレを探させる。当然，子どもはどれか見当がつくはずがない。そこで，外国に行って言葉がわからないときは，どのような表示だったらわかりやすいかを問うとすぐに，「いつも見かける男女の絵」と答えるであろう。そこで，トイレのピクトグラムを表示して，日本が開発したことを説明しながら，グローバル社会におけるコミュニケーションとしてピクトグラム表示の重要に気づかせる。

> 主な参考文献
>
> ・太田幸夫『ピクトグラムのおはなし』日本規格協会，1995

（大津圭介）

グローバル化

5 空飛ぶバラは、どこからやってくる？

導入ネタ

ネタ→授業化のヒント

近年バラは、ケニアから日本へ輸入されている。生花が国境を越えてくることから、グローバル化をイメージするのにふさわしいネタである。

1 空飛ぶバラの中継地

ケニアで生産されたバラが日本へ輸出されるようになったのは、中東のドバイが国際物流の流通基地として発展したからである。グローバル化には、生産国と消費国を繋ぐ、国際規模の流通基地の存在が不可欠である。

2 赤道直下のバラ

日本におけるバラの輸入国割合は、下のグラフのようになっている。オランダは、ヨーロッパの花の中継地で大きな市場があったので、以前はバラの輸入もオランダから多かった。しかし、オランダに輸入されたバラの中にはアフリカの農園で作られたものもあった。バラの生育条件は、最低気温10度、最高気温25度前後で、赤道直下の2000メートル以上の耕地が適している。そのため近年アフリカや南アメリカでの生産が伸びている。

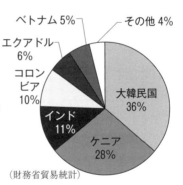

バラの輸入相手国割合（2014）
（財務省貿易統計）

同時に、ドバイが国際規模の流通基地として整備されたので、アフリカからドバイ経由をしたほうが、オランダ経由よりも安価で品質の安定したバラを提供することができるようになった。

主な参考文献

・「『空飛ぶバラ』の謎にせまる―バラに見る国際経済―」『高等学校　現代社会へのとびら』、帝国書院、2010年1学期号

（大津圭介）

6 国境を越えるマクドナルド
グローバル化

> **ネタ→授業化のヒント**
> 世界各地のマクドナルドのメニューやユニフォームを探ると，現地の文化に溶け込んだことでグローバルに展開することができたことがわかる。

1 グローカル化

マクドナルドは，100以上の国と地域で営業しているグローバル企業である。マクドナルドがグローバル化した要因は，店舗やオーダーシステム，生産システムなどを規格化・自動化することで，手軽に食事が提供できるという世界標準を広げたからである。さらには，それぞれの国や地域によって気候・風土や習慣，宗教などを考慮し，その地域に溶け込もうとローカル化したことで，より身近に受け入れられていったからである。つまり，マクドナルドを通して，グローバル企業が世界展開できた原因を考えることで，世界的に均一化・画一化する「グローバル化」と，地域の特色や特性である「ローカル化」を組み合わせた「グローカル化」を学ぶことができる。

2 グローバル企業のグローカル戦略

(1) 全国に何軒？ 世界に何軒？

「これはなんでしょうか」

導入では，世界のマクドナルドの珍しい店舗の写真を提示する。例えば，イタリア・ミラノのヴィットーリオ・エマヌエーレ2世のガッレリアやドイツのニーダーザクセン州にある店舗などは，街並みに同化しているので一見しては，通常目にするものとは異なる。答えが出ないときには，アメリカのニューヨーク，タイムズスクエアの店舗を提示するとすぐにわかる。

「マクドナルドは，世界と日本国内に何軒あるでしょうか」

出店している国や地域を地図上に色をつければ，ほとんどの国や地域に出店していることがわかる。現在，世界で36000店以上が営業をしている。日本では，2015年4月現在では3,065軒あり，世界第2位の多さである。

(2) マクドナルドの人気の秘密

「マクドナルドを通して,グローバルに展開する企業の条件は何でしょうか」

　ここでは,単にマクドナルドが売れた理由を探すのではなく,そこからグローバル企業に共通する工夫点を見出させる。そのためには,マクドナルドはあくまでグローバル企業を考える一例であり,そこにおける工夫点から他のグローバル企業でも通用できそうなことを考えさせるようにする。

　そのためには,キッチン風景や世界の共通メニュー(特にフライドポテトやシェイク),オーダー方法,食事の提供スタイルなどの資料から「グローバル化」できた要因を考えさせ,「均一化・画一化されたことで,世界中どこでも手軽に同じ料理を提供することができた」ことを導き出す。

　さらに,次のような世界各地の特徴的な店舗やユニフォーム,メニューなどを資料提示して,「グローバル化」した要因を考えさせる。

・ブラジルのサンパウロの日本人街「リベルタージ」のマクドナルドは,瓦をあしらった純和風のデザインとなっている。
・イスラム圏では,女性用にベールを使った制服を採用している。
・ヒンドゥー教徒が多い国では,ベジタリアンメニューである。また,タイはパイナップルの生産大国なので,オレンジジュースの代わりにパイナップルジュースが提供されている。

　ここでは,世界各地域の歴史や宗教,生活習慣などに合わせて柔軟に対応し,現地社会に組み込まれ「ローカル化」したことを導き出せる。

　グローバル企業は,世界標準を作るだけでなく,地域の特色や特性(「ローカル化」)を組み込んでいくことで,世界から愛される企業となる。

▎主な参考文献▶

・ジェームズ・ワトソン編著『マクドナルドはグローバルか』新曜社,2003
・Rocket News 24「これが本当にマクドナルド!? ちょっと珍しい世界のマクドナルド店舗写真35選」http://rocketnews24.com/2012/09/29/252258/,アクセス2015/09/24

(大津圭介)

少子高齢社会

7 自分と同い年の人は何人いるの？

導入ネタ

> **ネタ→授業化のヒント**
>
> 日本の15歳人口は何人か，他の年齢はどうなっているか，などについて実際の数値を確認し，実感をもって少子高齢社会を考えられるようにする。

1 ネタの紹介

まず，「日本に自分と同い年の人は何人いるのだろう？」と発問。ほとんどの生徒は，記憶したことも考えたこともなく，想像がつかない。そこで，「日本には100歳以上の人は約6万人いるが，それ以外の0歳から99歳までの人が全て同数だと仮定すると，各年齢は約何人いることになるだろう？」と問う。すると，地理的分野で学習した日本の総人口は約1億2,700万人という知識を活用して，「約127万人」という答えが返ってくる。

そのうえで，「自分と同い年の人は127万人以上か，未満か？」と発問する。これに対し，80歳代や90歳代の高齢の人が100万人以上ずついないだろうと考え，自分と同い年は「127万人以上」と答える生徒もいる。一方で，若い世代は少子化の影響があると考え，「未満」と答える生徒も多い。

正解は，2014年10月現在の15歳人口は118万人（14歳人口も同程度）。若い世代の人口が少ないことを確認し，少子高齢社会の学習を始める。

2 授業のねらい及び展開

導入後の展開では，まず統計や図を見て，15歳人口より少ないのは15歳未満と80歳以上だけであること，最多は65歳で221万人，41歳も多く200万人以上，0歳は102万人などのことを読み取り，少子高齢社会の事実を捉えたい。

その後は，数値を念頭に置きつつ少子高齢化の影響を考え，例えば，自分が30歳や55歳になった頃の高齢者福祉や労働力不足の問題などを考えていく。

> **主な参考文献**
>
> ・総務省統計局HP「人口推計（平成27年3月確定値，平成27年8月概算値）」

（土肥大次郎）

8 2080年の日本の人口

少子高齢社会

導入ネタ

> **ネタ→授業化のヒント**
> 2080年，自分は何歳かを考え，そのとき日本の人口はどうなっているかの予測をみて，今後いっそう進行する少子高齢化について考える。

1 ネタの紹介

まず，「2080年，みなさんは何歳か？ そのときの日本の人口は何人になると予測されているか？」と発問。中学3年生が80歳近くとなる2080年，「出生中位（死亡中位）推計」では約6,600万人になるとされ，現在の半分近くになることを述べる。そのうえで，「2080年，みなさんを含む65歳以上人口率は何％になるか？」「少子化が進む現在（2014年），年間の出生児数は102万人だが，2080年には何人になるか？」などの発問をする。先と同じ統計によれば，65歳以上人口は41％，年間の出生児数は36万人になるとされている。

こうした統計より，自らが生きていく今後の社会では，少子高齢化がいっそう進行することをリアルに気づかせる。

2 授業のねらい及び展開

導入後の展開では，まず「総人口，20歳未満人口率，20-64歳人口率，65歳以上人口率」が現在（2015年）は「1億2,700万人，17％，56％，26％」で，中学3年生が40歳近くとなる2040年は「1億700万人，14％，50％，36％」，80歳近くの2080年は「6,600万人，13％，46％，41％」になるとの予測を，資料収集の技能も用いながら確認し，人口構造の変化を捉えさせる。

そのうえで，自分が40歳の頃，そして80歳の頃の労働力不足や高齢者福祉の問題など，少子高齢化のさまざまな影響を考えさせたい。

主な参考文献

・国立社会保障・人口問題研究所HP「日本の将来推計人口 平成24年1月推計―≪推計結果表≫―，出生中位（死亡中位）推計」

（土肥大次郎）

少子高齢社会

9 女性の社会進出と少子化

ネタ→授業化のヒント

先進諸国では女性就業率が高いほど出生率が高いということを各生徒が図を作成して見出し，少子化対策について考える。

1 ネタの紹介

　人口転換での出生率低下の背景としては，乳幼児死亡率の低下のほか，女性の高学歴化や社会進出，晩婚化などが挙げられる。実際，かつての先進国では女性の労働力率の高い国ほど出生率が低い傾向が見られた。しかし，1980年代半ば以降は，女性の労働力率の高い国のほうが出生率は高い傾向にある。そのため近年では，女性の社会進出は，少子化対策として機能するものと考えられている。これは，就業と出産・子育てを両立できる社会環境での暮らしが，女性をはじめ人々に経済的安定や精神的安定などをもたらし，少子化に歯止めをかけるためとされる。

　ここでは，先進諸国の女性就業率と合計特殊出生率のデータより，生徒自身が散布図を作成し，両者の正の相関を捉えるようにする。また，作成した図から新たな疑問を出すようにして，少子化対策をより深く考えられるようにしたい。

先進国の女性就業率と出生率

	30-34歳の女性就業率：%	合計特殊出生率：人
日本	66.9	1.4
韓国	56.7	1.3
イギリス	73.8	1.9
オランダ	79.8	1.8
ドイツ	76.0	1.4
フランス	74.5	2.0
イタリア	57.3	1.5
スウェーデン	79.8	1.9

（労働政策研究・研修機構編『データブック国際労働比較2015』などより作成）

2 授業のねらい

・少子化の問題に関心をもち，その対策などを意欲的に考えることができる。
・諸資料より効果ある少子化対策について考え，自己の意見を表現できる。
・散布図を作成して事象間の相関を見出し，さらに新たな問いを出せる。
・少子高齢社会に関する基本事項について知っている。

3 授業の展開

はじめは、少子高齢社会に関する基本事項の確認を簡潔に行う。そして、「先進国で少子化が進行したのはなぜか？」を問い、女性の社会進出などについて確認する。そのうえで「女性の社会進出が進むと出生率が低下するというのは、現在の日本で本当にいえるのか？」を問い、データを基に（できればExcelで）散布図を各生徒が作成する。そしてその図より、負の相関ではなく、むしろ正の相

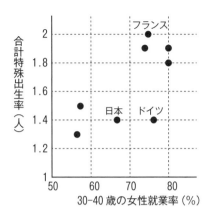

先進国の女性就業率と出生率
(前ページの表より筆者作成)

関となっていることを捉え、その理由を考える。また、上図に示すように、関係性を強調した図を作成する技能も育成したい。なお、この授業では、日本と諸条件が大きく異なる新大陸の先進国は扱わないようにする。

その後、女性就業率は高いが出生率の低いドイツに疑問をもたせ、出生率の高いフランスとの少子化対策の違いを考える。ここでは内閣府の資料より、経済的支援と保育や育児休業制度などの「両立支援」という２点から対策を捉えていく。時間があれば、効果ある少子化対策を実施するフランスで見られる問題点も考察し、日本の少子化対策への自己の意見を形成する。

4 評価の仕方

「授業のねらい」で述べた評価規準について、それぞれ３段階から成る評価基準を設定し、授業中の活動や発表、成果物やテストなどより評価を行う。

主な参考文献

・内閣府HP「少子化対策，世界各国の出生率」
・矢野恒太記念会編『世界国勢図会　2014/15年版』2014

（土肥大次郎）

> 日本の伝統・文化

10 妖怪から読み解く日本文化

導入ネタ

> ネタ→授業化のヒント
>
> 全国各地に伝わる「妖怪」の時代ごとの解釈を分析すれば，当時の人々の精神性や時代観がわかり，日本の伝統・文化を知る手がかりとなる。

●歴史的分野との関連性や世界の国々との比較を取り入れる

　妖怪の解釈は時代とともに変化してきた。その中に，妖怪は八百万の神という解釈がある。老若男女を問わず人気の宮﨑駿監督のアニメーション作品の中にも，ユニークで独創的な姿で八百万の神が登場する。他方，デビルやサタン（これを西洋の妖怪とするならば）などは，神と対峙する存在として取り扱われることが多い。このように，日本と西洋とでは，妖怪に込められた意味が対照的なことがわかる。

「土蜘蛛草紙」

　しかし，古代から中世の日本でも，妖怪は，悪としての意味合いが強い扱いをされていた。古事記や日本書紀に登場する「土雲（つちぐも）」は，朝廷に恭順しない土着の勢力の総称とされたようである。これが中世にはおどろおどろしい姿の「土蜘蛛」と形を変え，妖怪の姿となった。現代では「土蜘蛛」は，伝統芸能の能楽の代表的な演目の一つとして知られている。

　さらに，近世には，楽器や日用品などの人工物にも魂が宿るという考え方が広がり，ものを大切にしようとする精神性が広がる。今でいう「もったいない」の精神である。このように，妖怪を通して，時代観や日本人の精神性を学ぶことができる。

（藤島俊幸）

日本の伝統・文化

11 オムライスは和食？

導入ネタ

ネタ→授業化のヒント

世界無形文化遺産となった「和食」を追求すれば，日本の風土や歴史，日本人の生活観を見出すことができる。

1 世界各地の伝統料理と和食との一致点と差異点とに着目する

ユネスコが登録・保護を目的としたターゲットを食にまで拡大したことで，フランスの美食術，ヨーロッパの地中海料理，メキシコやトルコの伝統料理などが相次いで認められた。ではなぜ，和食もその対象となったのか。そこには，料理そのものの味や形状に特化したからではなく，料理に込められた人々の工夫や努力，知恵，風土，精神性などが評価されたことによる。世界各地の伝統料理と和食との共通点や差異点を探求することで，ユネスコが無形文化財としての価値を見出した日本固有の伝統文化が見えてくる。

2 保護・継承すべき和食の定義に着目する

農林水産省のホームページ資料には，江戸期から昭和30年頃までに成立したものを和食と定義し，さらには保護・継承すべき対象となる和食とそうでないものとを分けている。そこで，まず「明治期に生まれたオムライスは和食か」と問いかけてみる。次に，実際オムライスは「和食文化的なもの」とされ保護・継承すべきものからは外されていることを伝え，保護・継承すべき和食とそうでないものとには，どのような違いがあるかを農林水産省が発行する資料

農林水産省発行資料
『「和食」を未来へ』

『「和食」を未来へ』を活用し，その理由を探求させる。年中行事との関わり，四季の移ろい，栄養のバランス，季節の食材の活用など観点がわかり，先人の知恵や精神性が反映され日本固有の文化性が見えてくる。　（藤島俊幸）

日本の伝統・文化

12 まちづくりシミュレーション

ネタ→授業化のヒント

まち並みは，人々の営みが埋め込まれている。つまり，まちづくりをシミュレーションすれば，伝統・文化を保護・継承するよさを実感できる。

1 まちづくりシミュレーションのねらい

第2学年の単元「身近な地域」の学習では，フィールドワークなどを通して地域の景観について学習している。景観とは，目に見える自然環境やまち並みといった風景だけでなく，地域コミュニティのつながりや伝統・文化の保護・継承といった人々の営みも含まれる。そこで，まちづくりシミュレーションを通して，地理的分野での知見を活用する中で，伝統・文化を保護・継承することの大切さを再認識させたい。

2 まちづくりシミュレーション

本シミュレーションは，過疎化の進む仮想の山村にある，昭和初期まで利用されていた養蚕工場跡地を再開発するというものである。再開発に当たっては，「地域のよさを生かした持続可能なまちをつくる」という条件を提示する。その理由は以下の2つである。

・地域性に伝統・文化が残っていることを見出させる。
・地域性を生かすことで無理なく存続できる（持続可能性を高める）ことに気づかせる。

再開発とすることで，古いものを壊し，新たなものをつくるという印象が先行する盲点を利用する。これによって，今ある古いながらも価値あるものの存在を見えにくくできる。そこに気づくためにも，先の条件を吟味することが不可欠となる仕掛けとなっている。また，実際のまちづくりでは，その目的を共通理解し，具体的な策に対する成員同士の合意形成が必要である。つまり，本シミュレーションは「対立と合意」や「効率と公正」の視点も再確認できるようになっている。

3 まちづくりシミュレーションの展開

　まず，身近に暮らす地域の景観写真（過去と現在）を提示し，理想とする将来の景観を構成する要素を出し合わせる。次に，先の資料を提示し，理想とするまちづくりのための目標を立て，工場跡地の活用方法を考案させる。この際，まちづくりのスローガンが「このまちらしく　持続可能なまちに」と設定されていることを伝える。このスローガンによって，恣意的なまちづくりではなく，先に述べた「地域のよさを生かした持続可能なまちをつくる」につながるようにしておく。地図中に示した，複数の史跡や果樹園などの地域資源の利用，養蚕工場を近代産業遺構として価値づけることなどに気づくように指導する。その際，「再開発とは新しいものをつくることだけか」などの問いを投げかけるようにする。

4 まちづくりシミュレーションの評価

　本シミュレーションにおける生徒の評価は2つある。一つはシミュレーション中の形成的評価である。地理的分野で学習内容や学び方を活用できていない場合には，その場で指導し，確かな学びを支援する。もう一つは生徒が考案する再開発案に対する総括的評価である。生徒の個々の独創性を評価するのは現実的ではない。そのため，先に示した条件を満たしているかが基準となる。地図上の地理情報，再開発に対する見方や考え方の転換，そして持続可能性という抽象的な概念を，地域的特色を活用して具体化しているかなどが評価の観点となる。

主な参考文献

・村山祐司『21世紀の地理』朝倉書店，2003
・日本建築学会編『まちづくりの方法』丸善出版，2004

（藤島俊幸）

> 対立と合意

13 対立と合意をわかりやすく

導入
ネタ

> ネタ→授業化のヒント

集団内で何らかの「対立」が生じた場合，どのような決定をすれば「対立」から「合意」へ至ることができるか，時代劇の一場面を使って理解させる。

● 「三方一両損」にみる対立と合意

　大岡忠相は，8代将軍徳川吉宗のもとで，江戸町奉行として享保の改革を支えたことで知られる。その公正な裁判が評価され，『大岡越前』としてドラマ化され，現代でも人気を博している。ただ，あくまでも創作であり，忠相が実際にドラマの伝える名裁きぶりを発揮したかどうかは定かではない。そのことを踏まえつつも，生徒たちに対立と合意をイメージさせる，導入のネタとして次の話を紹介し，自分ならどうするか考えさせるのもよい。

　ある男が3両入った財布を拾って役所に届けた。落とし主は「落とした金はもう自分の金ではないから受け取れない」と言い，拾った男も「拾ったものは落とし主に返すのが筋だ」と主張して譲らない。対立する2人を見た忠相は，自分の懐から1両を取り出して，3両に1両加えて4両とし，2人に2両ずつ分け与えた。忠相は1両の損，落とし主は3両のうち，2両しか戻らないので1両損，拾った者も3両得るはずが，2両しかもらえないので1両損となる。3人がそれぞれ1両損となり，合意に至ったというお話である。これは「三方一両損」としてよく知られている。

　当初忠相は裁決する役割を期待されていたが，双方の言い分を聞きながら調停役として対立する両者の利害の調整を図ろうとしている。そのうえで，妥協点を調整するのではなく，対立から飛躍して新しい創造的な解決法を提案している。これは「トランセンド法」と呼ばれる高度な紛争解決方法である。実際にはそう簡単ではないが，「三方一両損」の話を通して，合意に至る努力の大切さや工夫の方法が理解できるのではないか。

（寺本　誠）

| 効率と公正 |

14 部活動のレギュラーをどうやって決定する？

導入ネタ

> ネタ→授業化のヒント
>
> 「対立」から「合意」を図る際，「効率」や「公正」の考え方を判断の基準とすることがあることを，身近な事例をもとに考えさせたい。

●身の回りにある効率と公正の考え方

　あるルールを決める際，「ルールづくりにみんなが参加して決めているか（手続きの公正さ）」「立場が変わってもその決定が受け入れられるか（機会や結果の公正さ）」「その決定にむだはないか（効率）」などについて，身近な事例をもとに，「効率」と「公正」という概念を捉えさせたい。

> 　ある中学校の野球部は部員が10名しかいない。ピッチャーとキャッチャーの2人は2年生であるが，チームの中では突出した実力がある。残り8人は誰が出てもあまり大差はない。内訳は3年生が4名，2年生が2名，1年生が2名である。このチームでは，部員が少ないこともあり，慣例としてレギュラーを決めるときは部会を開いて部員全員で話し合って決めることとしている。今回は3年生にとって最後の大会であり，何としても勝ちたいと思っている。部会でレギュラーの9名を決めるのに，最も良い方法は何だろうか。

　例えば，次のような案が出されたとする。これらを「効率」と「公正」の考え方に沿って，どの案が最も納得できる方法か説明させる。

1. リーダーを選出し，全員の総意の下にそのリーダーが決める。
2. 3年生は最後の大会なので，3年生の4名だけで話し合って決める。
3. 部員全員で投票し，多数決で決める。
4. 入部して間もない1年生のうち，一人を外す。
5. 全員が納得するまで話し合い続ける。

　ただし，実際には，練習への参加率や貢献度なども考慮されるはずなので，効率と公正の考え方だけで決められるものではないことを留意しておきたい。

（寺本　誠）

効率と公正

15 路上喫煙・ポイ捨てに過料を科すべきか

> ネタ→授業化のヒント
>
> 現実の公共政策決定の場面で,「対立」「合意」「効率」「公正」の考え方は,どのように反映されているだろうか。「路上喫煙・ポイ捨て禁止条例」を題材に,既存の条例を評価し,新しい解決策を提案することをねらいとしている。

●路上喫煙・ポイ捨て禁止条例をめぐって

　2020年の東京オリンピック・パラリンピックの開催を控え,東京都では公共機関や飲食店での全面禁煙化を含む条例化について議論がなされている。全国的に見ても,条例により喫煙行為に何らかの規制をしている自治体は近年増えている。特に東京都千代田区は平成14年に全国に先駆けて路上喫煙・ポイ捨て行為に対し,罰則(過料2千円)付きの条例を定めたことで知られる。路上喫煙・ポイ捨てをめぐる「対立」状況から,どのようにして千代田区は「合意」を導き出そうと考えたか,また,その政策決定過程において「効率」と「公正」の考え方がどのように反映されているか考えたい。

　千代田区が罰則付きの条例化に踏み切った背景には,政府の中枢機能や日本有数のビジネス街,ターミナル駅が集中する区の特性がある。区民人口をはるかに上回る,区外からの通勤・通学・観光などの訪問者が汚した路上の整美を区民が負担する,という構造に区は長年悩まされていた。条例化した際には,生活環境の改善のためには条例化も止むを得ないという意見がある一方で,喫煙という個人の嗜好までも条例で規制することに対する反対意見も強く,社会的に大きな議論を呼んだ。日本国憲法で保障されている「個人の尊重」の観点から考えると,環境美化という「公共の福祉」の実現のために個人の自由を抑制しているという見方もできる。

　生活環境の改善を図る方法として,路上喫煙行為に過料を科すことが妥当かどうかは,判断の分かれるところである。授業の中心に「路上喫煙・ポイ

捨てに過料を科すべきか否か」という問いを立て，自分なりの根拠に基づいて判断することに重点を置く。

　以上の内容を踏まえ，本授業では次のような展開が考えられる。千代田区の「生活環境条例」における「対立」から「合意」に向かうための政策決定がどのようになされたか，その背景と過程を学習したうえで，実際に生徒たちに「効率」と「公正」の視点に基づいて条例を評価させる。その際，「合意」された内容が社会全体で「資源が効率的に利用されているか」という「効率」の視点に留意しながら，「一部の人が不当に不利益を被っていないか」という機会や結果の「公正」さがどのように担保されているか，「効率」と「公正」の両方の視点を踏まえた発想が必要であることに気づかせたい。

　そして，話し合いを通して「対立」する互いの意見を調整し，「合意」に導くことを目指したい。「合意」につながる過程では，過料は必要かどうかに加え，過料の額は妥当か，過料以外の方法はないかなど，生徒たちが視野や考え方を広げられるよう教師が支援したい。

　千代田区に限らず，自分の居住自治体の喫煙に関する条例について調べてみることも動機づけとなる。条例があるなら，罰則付きかどうか，また，罰則がないならばどのような点を強調して定めているかなど，その自治体が置かれている状況や考え方によって「合意」に導こうとする姿勢の違いが鮮明になり，関心をもって追究できるだろう。可能であれば，自治体の職員に聞き取り調査をしてみるとより理解が深まり，地域への愛着も増すであろう。

　以下，参考までに千代田区の生活環境条例を「効率」と「公正」の観点で評価した例を示す。

効率の見方・考え方	公正の見方・考え方
○路上の汚染がひどくなる前に条例によって抑制できるため，結果的に街の美化にかける金銭的コストは抑えられる。 △区内全体をカバーするには多くの監視担当者が必要であるため，効率的ではない。	○路上喫煙者全員から一律２千円を徴収する方法は，手続き上「公正」が保障されている。 △実際の徴収率は80％台で，全員から徴収できていない。よって，結果の「公正」が十分保障されているとは言えない。

（寺本　誠）

消費生活

16 私たちの消費活動は「契約」である！

導入ネタ

> **ネタ→授業化のヒント**
>
> 私たちの消費活動は「契約」で成り立っている。日頃の買い物である売買行為である消費生活は全て「契約」という視点から，主体的な消費生活を考えていく。

● 毎日の買い物は「契約」である！

「今まで契約をしたことはありますか？」中学生には縁遠い「契約」という言葉から発想するイメージを挙げていく。消費生活を主体的な学習にするためには，自分たちの生活の行為が経済活動の一環を担っているという当事者性を生み出すことからスタートすると効果的である。

クイズ形式で「契約だと思うものはどれ？」を考えていく。①大リーグの○○選手が球団に入る。②ネットショッピングで CD を買う。③父が生命保険に入る。④コンビニでお茶を買う。⑤ハンバーガーショップでハンバーガーを買う。この5つの中で契約であると思うものに○をつけ，その理由を簡単に書いていく。①③は契約，②④⑤は契約でないと考える生徒が多く見られる。

その後，この全てが契約で，商品の購入全てが契約行為であり，レシートは契約書の代わりだと認識する。そして，契約の成立時点を3択で考えてみる。㋐契約書にハンコを押したとき。㋑双方が合意したとき。㋒売買が明記された日付。これは，㋑の双方の合意が契約の成立である。例として，ハンバーガーショップでの注文は，どの時点で契約が成立するかを考える。代金を支払ったときではなく，双方が売買の合意をする時点，つまり注文が完了する時点が契約の成立であることを確認する。生徒は代金の支払いが商品購入の成立する時点と考えがちであるが，合意したときに契約が成立することを認識することで消費活動の当事者として商品購入を考え，主体的な消費生活の学びにつなげていく。

（森田史生）

市場経済

17 レシートを見ると秘密がいっぱい！
―同じ商品で価格が違う

導入ネタ

> ネタ→授業化のヒント
>
> レシートをじっくりと見つめると，いろんな情報が満載されている。同じ商品なのに店が違うと価格が違うことから流通の工夫について考える。

● 同じ商品なのに購入する店が違うと価格が違うのはなぜだろう？

　「商品購入時にもらうレシートを保管する派？捨てる派？」という問いかけを生徒にすると，商品選択の性格も見えてくる。「レシートはどうして渡されるのだろう？」日常の商品購入で渡されるレシートをじっくりと見ることはあまりない。教師が準備したレシートを提示したり，印刷配布したりして，レシートにはどんなことが記載されているかをじっくりと見ていく。日付，店名，住所，電話番号，レジ担当者名，購入商品名，価格，消費税などで，店のPRがついている場合もある。レシートは売買契約の簡単な契約書といえ，契約が成立したため渡されるものである。契約書のため，商品購入後にトラブルがあった場合必要になってくる大切な証明書であることを認識していく。日常行っている消費活動の意味をつかみ，主体的な学びにつなげていくことができる。

　ここで，3種類のレシートを提示する。コンビニエンスストア，スーパーマーケット，ディスカウントストアで同じ商品を購入したレシートである。同じ商品なのに価格が違うことを読み取り，「同じ商品なのに価格に違いがある。おかしくないか？」と問いかける。グループで各小売店の特徴を話し合い，コンビニエンスストアは定価販売が多く，ディスカウントストアは価格が安い理由を資料を使って調べていく。その中から商品の価格は流通のしくみを工夫し，合理化することで安く商品を仕入れ，安く提供できることを理解していく。だが，すべてディスカウントストアで購入することはなく，目的に応じて消費者が主体的に決めていくものである。

（森田史生）

市場経済

18 スーパーマーケットの広告から小売店の販売戦略の秘密を探る 導入ネタ

ネタ→授業化のヒント

スーパーマーケットの広告を見比べながら,特売品の価格の違いを発見する。卵の価格を比較しながら小売店の価格決定について考えていく。

● スーパーマーケットを見つめる視点を多角的にする

　毎日の食材の買い物は近所のスーパーマーケットが主流である。スーパーマーケットは毎週折り込み広告が入り,特売の商品が目につく。消費者は,その安さに購買意欲を高めて買いに行く。需要が高まった状態になるのだが,消費者だけの視点で考えるのではなく,小売店側の視点に立つと,特売は利益薄利だけでなく,損をしている場合もあると考えられる。スーパーマーケットの広告を生徒に持参させて,グループで広告を比較してみる。広告からどの店を選択するかを考えていく。そして,「安売りして利益はあるのだろうか?」「なぜ特売をするのだろうか?」「同じ商品なのに値段が違うのはなぜか?」などの価格に関する疑問を生徒から引き出していく。特に価格の優等生といわれる卵の価格を比較して,店による違いや通常と特売の価格の差を比較しながら,特売をする意義を話し合う。消費者は広告が何種類入っても何店も回るわけでなく,その店で必要な商品を購入するものである。1つの商品の価格の決まり方だけでなく,価格設定で購買意欲である需要を高めることが店全体の利益を生んでいることが見えてくる。スーパーマーケット全体の販売戦略を考えていくことで,広い視点で市場経済のしくみを見ることにつながる。この授業の前後に「スーパーマーケットの価格の秘密を発見しよう!」と実際に店舗にいく調査活動を入れると,価格に関する発見や疑問を生み出すことにつながっていく。

主な参考文献

・片上宗二編著『中学校社会科公民のおもしろ授業づくり』明治図書,1993

(森田史生)

19 一番もうかる企業は誰のプラン？

企業 / 導入ネタ

ネタ→授業化のヒント

「こんな会社あるといい！」企業はアイデア勝負である。企業のアイデアを出し，企業に必要なものを考え，株式会社が多い理由について探っていく。

● 会社をつくるために必要なものはなんだろう？

「企業は中学生でも起業できる！」。企業と聞いてもピンとこないが，我々の生活すべては企業が生産したもので成り立っている。しくみを知るだけではなく，企業とは何かを考えていくことが大切である。そこで，高校生起業家の記事「ハルカファミリー」を紹介して，「中学生起業家を目指そう！」と自分で企業を考える活動をしていく。

○企業の業種　第1次　第2次　第3次
○つくってみたい企業の概要　目的，理由，会社名
○企業に必要なものを考える（生産の3要素）
・資本（元となるお金）－自己資金で行う
・自然（土地,）原材料　－具体的にどんなものが必要なのか
・労働（働く人）　　　－どんな人材が必要なのか
○どんな商品，サービスを生産するのか（図などを使って説明）
○自分の企業のキャッチコピーをつくろう

個人もしくはペアで1プラン立て，グループで協議して代表案を決め，簡単なPRプレゼンを行う。そして，クラスの中で，最もアイデアがよくて利潤が出そうな企業を決定する。みんなで決めた企業を大きくするためのアイデアを出し合っていく。この企業をベースに，資本を調達するための株式会社のしくみや企業の役割への学びへとつなげていく。自分たちで考えた企業をもとにすることで，当事者性をもった協働の学びが展開できる。

（森田史生）

消費生活

20 商品購入でトラブルが起こったらどうする？

> ネタ→授業化のヒント
>
> 買い物をした後にハプニングがあったら契約は解消できるのか？ 様々なケースから消費者を取り巻く環境をつかみ，自立した消費者となるよう考えていく。

1 商品購入後のトラブルから消費者主権を考える

　商品の売買は契約行為であり，そう簡単には契約を解消できないものである。しかし，消費者主権といいながらも，商品購入に対するトラブルはつきない。購入後に起こったハプニングの具体的事例をもとに，消費者側の責任と売り手側の責任を考え，消費者が被害を受けたときの対処方法もつかむことをねらいにする。

2 ハプニングカードから消費者を取り巻く問題を考える

　今まで商品を購入した後に，失敗したとか困ったことなどの体験を思い出し，そんなときにどう対処したのかを発表していく。商品購入にはトラブルもあることをクラス全体で共有して当事者性を高める。そして，身近な買い物の後のハプニング事例を提示して「商品購入後にハプニングがあったら契約の解消はできるのか？」を学習課題として設定していく。

　A：同じ商品が他店で安く売っていた。
　B：ブランド品と言われて買ったら偽物だった。
　C：家に帰ったら同じ商品があった。
　D：ネットショッピングで商品の代金を支払ったのに品物が届かない。
　E：商品を購入して使用したら，すぐに壊れてしまった。
　F：エステの無料券を使用したら，高額なコースを強引に契約させられた。

　これらの事例について，消費者側から契約を解消できるかを考えていく。まず，個人で○か×を判断し，理由を書いていく。そして，グループでハプニングについて話し合っていく。事例全部を検討してもよいが，グループご

とに事例を選択したり，一つの事例を２つのグループで検討したりするのもよい。話し合った結果はホワイトボードや画用紙短冊などに書いていく。黒板にはハプニングカードとグループの判断が一緒に見られるように貼り，全体の話し合いにつながる可視化が大事になる。

　事例の判断は，А・Ｃ：×自分の一方的な都合であり，相手側には関係のない理由なので解消できない。Ｂ：○そのブランド品を買うという契約だが，偽物はその約束を守っていない契約違反なので解消できる。Ｄ：○約束を守る（商品を渡す）よう要求しても引き渡さない場合契約不履行で解消できる。Ｅ：○すぐに壊れるものは「常識的な品質や性能」を備えていないため解消できる。Ｆ：△契約書を交わしているため契約は成立しているが，手続き上に問題があれば解消できる場合がある。

　グループの意見を聞きながら，授業者が最終的に解答を伝え，契約は自分の勝手な都合では解消することができない。相手側に過失や瑕疵がある場合は解消できることにまとめる。生徒からＡやＣの場合も返品ができるという意見も出てくるが，返品はあくまでも店側のサービスであることを押さえておきたい。ここで，「Ｂ・Ｄ・Ｅ・Ｆの事例で契約を解消しようとしても相手が対応してくれなかったり，連絡がとれなかったりしたらどうする？」と新たな問いを投げかけ，このような場合に消費者を守ってくれる権利や制度，法律を調べていく。Ｂ・Ｄ→消費者保護法，消費者契約法，消費者センター，Ｅ→けがなどの損害を被った場合，製造物責任法，Ｆ→クーリングオフ制度についてグループで調べていく。消費者には消費者主権として４つの権利があり，企業側より立場の弱い消費者に対して契約における保護がされていることを事例の中からつかむことができる。授業者は，他の具体的な事例を紹介しながら商品購入の契約にはトラブルがあることを紹介して，トラブルが起きたときの対処法なども話し合っていく。そして，消費者主権の考え方からどのように商品購入をしていくことで「賢い消費者」となれるかを一人ひとりが考え，みんなで共有することで，実生活につながる力としたい。

（森田史生）

市場経済

21 修学旅行はいつ行くとお得なのだろうか？

> ネタ→授業化のヒント
>
> 修学旅行はお得なホテル料金なのか？ 客室カレンダーから曜日や時期で客室の価格が違うことから，**市場価格は需要と供給で価格が決まる**ことをつかむ。

1 身近な価格から市場価格のしくみを考える

　価格はだれが決めているのだろう？ 商品の価格は売り手側の企業が決めて，買い手の消費者は決められた価格で購入するだけでいいのだろうか。経済単元を消費者主権の視点で考えていくと，価格に関しても主体的に価格のしくみを知るテーマで考えることが大切になる。そこで，生徒が共通経験をした修学旅行の宿泊ホテルの価格をもとに，ホテルの価格の決まり方のしくみをつかみ，その他の「もの」の価格の決まり方を協働で探っていく。

2 修学旅行で宿泊したホテルの価格は？

　F中学校は中学2年生の3月3週目に東京方面に修学旅行に行く。昨年宿泊したホテルの3月の宿泊価格カレンダーを提示する。そして，この価格表からわかることから疑問を出していく。あえてわかることを出すのではなく，疑問として出すことで協働の学びの必然性を生ませていく。

- ・なぜ金曜日，土曜日は，価格が高いのか？ 平日は安いのか？
- ・なぜ第3週から高くなり，20日以降はずっと高くなるのか？
- ・なぜ日曜日の価格の中で平日と同じぐらいの価格設定の日があるのか？

<理由>

- ・金曜，土曜は宿泊客が多く来るために，価格が高くても宿泊する。
- ・3月3週目ぐらいから春休みになる学校が多くなり，宿泊客が多くなるため価格が高くなっても宿泊をする。
- ・日曜日は次の日から学校や仕事があるため宿泊客が減少するので，価格は金・土曜日より安く設定されている。

（需要供給の関係を考えるため人件費などは触れないこととする）
　これらの理由から「宿泊客が多い→価格が高い」「宿泊客が少ない→価格が安い」という法則を発見していく。
　・価格の決定は「宿泊客＝買い手」→【需要】，「ホテル側＝売り手」→【供給】の関係によって決まる。
　・【需要】と【供給】のグラフの動き方と読み方。【需要】＞【供給】→「価格が上がる」，【需要】＜【供給】→「価格が下がる」の原則。
　3月の宿泊カレンダーの動きを，グループごとにホワイトボードを使ってグラフで表現する活動に入る。

　供給量＝ホテルの客室数→変化しない

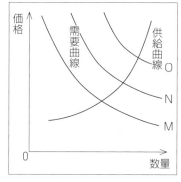

ことを確認して，変化しないことをグラフ上での表し方（図線M）を全体で話し合って考える。全体で考える必要性を全員がもつようにすることが重要である。
　3月1週目の価格の曲線を通常として，
　①金曜，土曜日の価格の曲線（図線N）
　②20日以降のさらに高くなる曲線（図線O）
を話し合いながら図式し，説明文をつけていく。それぞれの考えを発表し，ホテルの価格が需要と供給の動きで決まっていくことをつかむ。これが「市場価格」であり，需要と供給の一致した価格を「均衡価格」と確認していく。

3　修学旅行はいつ行くのがお得なのか？

　F中学校の3月の修学旅行は，宿泊費用が高くなる時期であることから，1年間の中でいつ修学旅行にいくとホテルがお得なのかを「ホテルの年間客室料金」の資料から12ヶ月の価格帯を見てグループで話し合っていく。料金だけでなく季節や学校行事なども考察して，一人ひとりが需要・供給グラフにロー，レギュラー，ハイシーズンの価格帯を書き込んで，自分のプランを立て，クラスのベストシーズンを決める。このプランを個々の評価としていく。

（森田史生）

企業

22 アイスクリーム屋さんを つくろう！

ネタ→授業化のヒント

アイスクリーム屋さんを起業するためには必要なことはどんなこと？クラスでお店のプランを考えながら，企業と株式会社のしくみを考えていく授業。

1 企業側の視点から消費者のニーズを考え，お店を立ち上げる

消費生活では消費者視点で経済活動を考えてきた。ここでは，売り手側の企業の立場になって経済活動を捉えていく。代表的な企業である株式会社のしくみをつかむためには，単にしくみを理解するのだけでなく，実際に会社をつくる模擬シーンを想定する課題で考えていくことが必要になる。身近に感じられるお店を立ち上げるシーンをグループやクラスで話し合いながら選択し，企業に必要なものや消費者のニーズを考える活動を通して，企業の活動をつかんでいく。

2 お店づくりのシーンを設定して考える

1時間の学習でお店を立ち上げるために選択型の5つのシーンを設定して，グループで考えながら自分たちのアイスクリーム屋さんをつくっていく（この設定は学校の地域性や実態に合わせて変更していくとよい）。

(1) 商品開発を考えよう！

A：素材にこだわった高級アイスを販売　国産フルーツ・高級チョコレートを使用 ○価格：1カップ400円 ○1日の売り上げ予測：56個	B：地元の牛乳を使ったミルクアイスのみを販売　酪農家から直接仕入れ ○価格：1カップ150円 ○1日の売り上げ予測：150個

(2) 店舗の場所を考えよう！

A：ショッピングセンター内 ○家賃：10万円　予想客数：150人	B：住宅街の近くの商店街 ○家賃：6万円　予想客数：70人

(3) 必要な資金を集めよう！

A：銀行から借りる　300万円 〇年5％の金利で借金をする。 事業内容を説明し，審査が通らないとお金を借りることはできない。	B：株式を発行する 〇1株1000円で株式を発行する。 株を買ってくれる人に事業内容を説明し，投資してくれないと株は売れない。

最も大切な資金をどのように調達するかを考える。株式の発行と株式の購入（投資）はイメージしにくいので，ここで株式会社の大まかなしくみを全体で共有する。A・Bのお店を経営していくグループを2つ決め，取締役を決める。残りのグループはどちらのお店に投資するか選択し，株式の購入数を決定する。

(4) お客さんが来るように宣伝しよう！

近所で半額の割引券500枚を配る。休業日にスタッフで配る。	インターネットで，3人で来店すると半額になるクーポン券を発行する。

消費者のニーズを考え，お客さんを増やすためにどちらの案が効果的かを考え，意見を出し合う。

(5) ライバル店に打ち勝とう！

近くに全国展開しているアイスクリーム店が進出してきた。ライバル店に打ち勝つアイデアを考えよう！

企業は競争がつきもの。ライバル店に打ち勝つためのアイデアを実際の企業の取り組みなどを想起して話し合う。

3　利潤が出たら？　経営がうまくいかなかったら？

　　A店：ライバル店に打ち勝ち，大きな利潤を得た。
　　B店：ライバル店には勝てず，大幅な赤字になった。

この2つの状況の場合，企業や株主はどうするのか。お店側のグループと株主の側のグループで株主総会を開いてみる。簡単な議事内容は教師が提示して，利潤の出た場合とそうでない場合の企業と株主の関係を体感し，株式会社のしくみを理解していく。話し合っていく過程の個々，グループのワークシートを評価とする。

（森田史生）

金融

23 タクシー運賃は公共料金，市場価格？ どちらがいいの？

導入ネタ

> **ネタ→授業化のヒント**
>
> 規制緩和以後タクシー業界では，運賃や台数制限に関する議論が絶えない。これを取り上げ，価格の働きについて考えさせる。

●意見の割れるタクシー業界

市場経済では，需要／供給関係により上がり下がりする価格の働きや企業間の競争によって，効率的な生産資源の利用や消費者の利益が担保される。しかし，国民生活に直結する分野の価格については，「公共料金」として国や地方公共団体の決定，認可によって定められることとなっている。公共料金の一つとして，タクシー料金がある。タクシー業界は，2002年の規制緩和以後，新規参入自由化による大幅な台数増を背景に，競争か規制かを巡って議論が続いている。ここでは，タクシーサービスについての議論（台数制限・運賃規制）を俯瞰し，生徒に競争か公共かを考えさせ，価格の働きについての学習に導入する契機としたい。

台数・運賃規制賛成	台数・運賃規制反対
・タクシー台数増による収入減で，運転士の所得減。 ・結果的に，長時間労働を強いられ，事故増につながる。 ・それは，消費者の不利益につながる。 ・待遇の悪さから，若い運転士が確保できない。	・サービス向上を目指した切磋琢磨による品質向上は消費者利益に。 ・そもそも，営業努力は企業の責務である。 ・1台あたりでみれば，事故は増えていない。 ・職業選択の自由の保障。

（柴田康弘）

24 クイズで考える，日本銀行っていったいどんな銀行？

金融 / 導入ネタ

> **ネタ→授業化のヒント**
>
> 知っているようで知らないお金の話。我が国のお金を管理する日本銀行のクイズを通して，金融単元の学習に導入する。

● クイズで考える日本銀行

①「日本銀行」どう読むの？
　→正式な定めはなし。紙幣には「NIPPON GINKO」と表記。威厳がある!?

②日本銀行って政府の一部なの？会社なの？
　→日本銀行は，もとは普通の株式会社。現在は認可法人であり，行政の許可を受けて設立が認められている。

③一番偉い人はなぜ「総裁」というの？普通の銀行は「頭取」なのに
　→総裁は日本銀行のトップであり，最高意思決定機関：政策委員会のメンバーでもあるから仕事は多岐にわたる。法律（日銀法第22条）では，「（略）日本銀行の業務を総理する」とあり，日銀のすべてをつかさどっている。

④日本銀行って何をしているの？せっかくだからお金預けたいんだけど……
　→日本銀行は，紙幣（日本銀行券）を発行している【発券銀行】。それから，個人や企業との取引はせず，金融機関の預金を預かっている【銀行の銀行】。そして，政府のお金をすべて預かっている【政府の銀行】。

　お金は生徒にとって身近な存在であろう。しかし，金融システムや経済といった抽象的な学習は，たちまち難解で厄介な学習となってしまう。だからこそ，単元の導入，金融・経済学習との出会いの場面では，生徒に身近なお金の話，素朴な疑問を取り上げ，紹介することからソフトに演出したい。

主な参考文献

・持田直人・眞板恵夫『目で見てわかる日銀の大常識』日刊工業新聞社，2003

（柴田康弘）

25 金融　円高，円安どっちが良いの？

ネタ→授業化のヒント

為替の変動は様々な要因によるものであり，かつその影響は多岐にわたる。円高・円安の特徴について立場討議的役割分担により具体的に考察し，経済・金融を捉えさせたい。

1　円高と円安

「円高ドル安（円安ドル高）です」とは，ニュースでよく耳にする定番のフレーズである。生徒たちは，この説明の意味は知らずとも，文章として記憶している。しかし，いざ為替相場（為替レート）の説明をしようとなると，（大人でさえ）考え込み，言葉につまってしまう。そんな難解な概念ではあるが，為替相場は関係国の政治状況，輸出入量，世界経済の状況等々，様々な要因が重なり合い，その考察には広く金融・経済の知識を活用する必要が迫られよう。いわば，経済を学ぶ格好の教材である。

そこで以下，「そもそも日本にとって，円高と円安どちらが良いのか？」を学習課題として，いくつかの想定事例について立場討議的に役割分担をして考察・比較する学習を構想した。

2　授業展開

	教師の発問，指示内容など	期待する答え，パフォーマンス
導入	○これは何の数字でしょう？【資料①】 ○このようなニュースを見たことはないですか？【資料②】 ○このグラフは，過去10年の円／ドルの為替相場の移り変わりを示しています。【資料③】	・何かの値段？？ ・外国のお金と交換するときの金額など。 ・よく見る，よく聞く決まり文句だ。 ・そもそも，円高・円安って何だ？ ・2011年頃はグラフが下がっている（円高）けど，最近は上向き（円安）だな。
	日本にとって，円高・円安どちらが良いの？	
	○円高とか円安とか，何が高くて何が安いのだろう？ 　1ドル120円→1ドル100円　円高 　1ドル120円→1ドル140円　円安	・1ドルと交換する円が少なくて済むということは，円の「価値」が高くなったということだ。 ・逆にドルと交換する円が多く必要になると

展開	○なぜ，価値が上がったり下がったりするのだろう。【資料④】	いうことは，円の「価値」が低くなったということだ。 ・市場の野菜や魚と同じで，みんながほしがれば価値が上がるし，逆だと下がる。政治や経済がうまくいって国の信用が高まったときは上がる。
	○円高（1ドル120円→100円）の場合，円安（1ドル120円→140円）の場合の両方について，役割分担して考えよう。	

	海外生産品輸入企業（衣類など）	海外向け輸出企業（自動車）
円高	・海外で生産された商品を輸入すると，支払う円が少なくてすむので，安く手に入る。→利益増，輸入増	・日本で生産した自動車を輸出すると，円として手に入る額が目減り。→利益減，輸出減
円安	・海外で生産され，ドルで売られる商品に払う円が多くなり，高くなる。→利益減，輸入減	・日本で生産した自動車を輸出すると，円として手に入る額が増加。→利益増，輸出増

終結	○では，円安と円高とどちらが良いのだろう？【資料⑤】	・勤め先がどんな企業なのか，によって変わるから一概には言えない。 ・海外旅行に行くなら円高が良い。 ・家電や自動車などの有名企業は大企業ばかりで，海外向けの輸出が増加し，株価が上がれば日本経済にも好影響，など。

【資料】
①授業日直近の為替レート ②報道番組での為替ニュース映像など
③為替相場の移り変わりグラフ
④武長脩行『経済かんたん解説下巻』フレーベル館，2007，p.92
⑤西日本新聞2015年3月12日付け「ワードボックス：円安の影響」

3 評価の仕方

評価については，従来型のペーパーテストで為替の仕組みや概念の習得状況を問うことも可能であるが，上記の授業で想定したものとは別の具体的状況（例：あなたは，大手自動車メーカーのCEO（最高経営責任者）である。今，アメリカ経済は空前の好景気にわいている。あなたはCEOとして，どのような経営判断を行うか，為替相場にふれて説明しなさい）を設定し，文脈（状況）に即した行為の選択を問うことで，その活用の力を見取る工夫も考えられよう。

(柴田康弘)

金融

26 日銀の金融政策っていったいどんなことをしているの？

ネタ→授業化のヒント

物価の安定を図るために，日銀が実施する金融政策。過去の特徴的なものを取り上げ，時代背景と具体的な政策内容を関連づけて捉えさせるとともに，必ずしも教科書通りとはいかない流動的な現代の政策についても考察させる。

1 過去の具体例から学ぶ金融政策

　我が国の中央銀行である日本銀行の重要な役割の一つに，物価の安定を図るための金融政策の実施がある。しかし，ネタ24「クイズで考える，日本銀行っていったいどんな銀行？」でも挙げたように，多くの生徒にとって，我が国の中央銀行である日本銀行は身近ではない。まして，金融政策そのものは直接目に見えないから，語句や制度の学習として，静的に学ぶことで理解を図ることは難しい。加えて近年では，"教科書通り"の政策ではもはや不況を脱却できず，「異次元」「バズーカ」と形容される新たな政策も実施される。こうした日銀の金融政策に関し，歴史をさかのぼり，実際に実施された政策について具体的・個別的に学んでいくことにより，その理論や機能を概念化して捉え，現在の政策の理解，さらには先行き不透明な未来に向けて知識を活用していく力を育むことができるのではないか。

2 授業展開

	教師の発問，指示内容など	期待する答え，パフォーマンス
導入	○日本銀行の仕事内容とは？【資料①】 ○単元の導入で学習した日本銀行の3つの役割との関連は？【資料②】 ○日本銀行は具体的な金融政策として，どのようなことをするのだろう？　それらは実際にはどんな政策なのだろう。	・日本銀行券発行，物価の安定，金融システムの安定。 ・（例）政府の銀行，銀行の銀行としての役割を通じて，物価や金融システムの安定を図るのだな。 ・主として公開市場操作（オペレーション），他にマネタリーベース（日本銀行が世の中に供給するお金の合計）のコントロールなど。 ・実際にどのように行われているかはわからない。

		過去に実施された金融政策について調べ，現在の政策を分析しよう！
展開	○次の各時期の金融政策について，背景，内容，効果のそれぞれの観点から調べ，表に整理しよう。 　A：オイルショック後 　　　　　　　　　　【資料③】 　B：バブル崩壊後 　C：世界金融危機後 ○整理した内容をもとに，日本銀行の金融政策の特色についてまとめよう。	・(例) A：[背景]変動相場制に移行する中で，輸出が急増。景気が過熱し，物価，地価も急上昇していた。1973年，第1次オイルショックによりさらに景気が過熱（狂乱物価）。[内容]日銀は，預金準備率引き上げ，公定歩合引き上げを実施。 [効果]景気下降。経済成長率は戦後初のマイナス成長へ。公定歩合の引き下げ。（※B，Cについては略） ・景気が過熱し，物価が上がるときには公定歩合（基準割引率および基準貸付利率）や預金準備率の引き上げによる市場金利の引き上げを通じて（資金吸収オペレーション），景気や物価を抑制する。逆に景気が後退するときには，金利を引き下げる（資金供給オペレーション）ことで，景気や物価を刺激する。
終結	○これまでの学びをもとに，現在の政策について調べ，今後の日本経済について語り合おう。 課題：新聞にある「異次元緩和」「黒田バズーカ」。"異次元""バズーカ"の言葉が意味することをテーマに議論しよう。 　　　　　　　　　　【資料④】	・異次元緩和：2013年日銀金融政策決定会合で導入。"量的"（マネタリーベースを2倍に），"質的"（長期資産の買い入れ）にこれまでの政策と異なる。資金供給量の拡大により，インフレ率を引き上げ，デフレ脱却を目指す。 ・デフレ脱却のために内容（質）も規模（量）もこれまでと異なる，まさに「バズーカ」，「劇薬」だ。 ・ただ，効果は限定的，副作用も……⁉ ・日銀は，金融政策の幅を広げている。しかし，金融政策だけではコントロールできない景気の難しさも。

【資料・参考文献】①「日本銀行その機能と組織」（日本銀行パンフレット）　②導入ネタ24　③「バブル／デフレ期の日本経済と経済政策」内閣府経済社会総合研究所，2011　④松元　崇『リスク・オン経済の衝撃』日本経済新聞社，2014など

3　評価の仕方

　終結の日本経済について議論し考察する課題は，識者でも容易に結論の出せない難題である。ここでは，"教科書的"な日本銀行の金融政策やその役割について問う課題に加えて，過去の政策と現在の政策との，背景・内容・効果といった諸側面の共通点，相違点を比較的に挙げさせることが考えられる。これらは，ペーパーテストはもちろん，レポートとして記述させることも可能であり有効である。その際，解答させたい政策の「要素」を示したり（政策のねらい，効果など），「語句」を指定（日本銀行，公開市場操作，景気など）したりするなどして，妥当性・信頼性を高めることが必須である。

（柴田康弘）

勤労・労働

27 「働かざる者食うべからず」？ 勤労の義務と生存権

導入ネタ

> **ネタ→授業化のヒント**
> 身近なことわざの解釈をすれば，憲法第27条に定められている勤労の義務の意味について理解を促すことができる。

1 ことわざの解釈から憲法第27条につなげる

「働かざる者＝働かない人」と捉えた場合，「働くことができない人」も働かない人である。しかし，社会には働く意思はあっても，状況によっては働くことができない人がいる。しかし，憲法第27条には，「すべて国民は，勤労の権利を有し，義務を負ふ」と定められている。ならば，仕事についていない人は憲法違反なのか，憲法に明記されている「義務」とはどういう意味なのかを問いかけることで，見方や考え方を広げることができる。

2 生存権，生活保護法などとの関係性から見方や考え方を広げる

「働かざる者食うべからず」の意味を自由に解釈させ発表させてみると，様々な見解が出ることが予想される。その中から「仕事をしない人への戒め」という見解が出た際に，以下のように問う。

・「では，働く意思はあるのに，事情によって働けない人はどうなるのか」

この問いによって，ことわざがあくまで限定的なものであることに収束したところで，以下のように問う。

・「では，怠け者には，最低限度の生活を保障しなくてもよいということか」
・「憲法第25条には，『すべて国民は』とあるが，怠け者であっても国民ではないのか」

このような問いによって，勤労の義務と生存権の関係において，矛盾する点をつきながらも，生活保護法第4条に定める「保護の補足性」について提示することで，生存権の保障範囲を限定することができる。そして，働く能力があるにもかかわらず，働こうとしない行為が，勤労の義務を果たしていないことに当たることに気づかせることができる。

（藤島俊幸）

勤労・労働

28 「週休3日制」が話題になる理由とは―日本の労働環境

導入ネタ

>ネタ→授業化のヒント

週休3日制が話題となる理由を探ることで，日本の労働環境の問題点を見出す学習ができる。

1 国が進める「夢ビジョン2020」を導入に関心を喚起する

東京オリンピックは，様々な分野に波紋を及ぼしている。その中に，文部科学省が提案する「夢ビジョン2020」がある。ここには，2020年までに日本で週休3日制を導入しようというものである。しかし，その影にはこれまで過労死，ブラック企業，世界の国々と比較しての有給休暇消化率の低さなど，多くの課題が見えてくる。

2 週休3日制を具現化するための課題を明らかにする

現在，国は週休3日制の導入を提案していることや，既に週休3日制を導入している企業があることを伝える。これにより，学校週5日制と比べやすく，本話題に対する関心を喚起する。その後，以下のように問う。

・「学校の履修内容を変えないままで，週4日制が導入されたらどうなる」

この問いをもとに，多くの生徒は，週休3日制導入後の予想される問題点として残業に目が向く。残業による弊害としてこれまで過労死などの問題があったことに触れる。その後，下の資料を提示し，以下のように問う。

・「週休3日制を導入すれば，本当にゆとりある生活ができるのか」

これによって，資料から日本の有給休暇取得率は，他国に比べ低いことや，制度が導入されても，実際に休日出勤を要される可能性，休みを取得しやすい職場環境づくりなどに触れることができる。

（藤島俊幸）

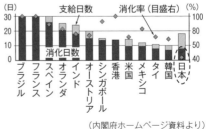

（内閣府ホームページ資料より）

勤労・労働

29 生活の豊かさとは何か？働く意義と労働者の権利

ネタ→授業化のヒント

職場体験などの体験活動と統計資料を関連づければ，働く意義や労働者の権利についての理解を促すことができる。

1 体験とのギャップを利用し，働く意義について考える動機づけを！

多くの中学校では総合的な学習の時間などを利用し，良好な勤労観・職業観の形成をねらいとして職場体験学習が実施されている。しかし，現実の社会では，国民の多くが「お金を得るために働く」という意識にある（上図）。このように，体験とのギャップを利用することで，働く意義や労働者の権利について学習する動機づけを図りやすくなる。

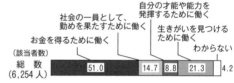

働く目的は何か

(平成26年度「国民生活に関する世論調査」内閣府より)

2 資料提示を工夫し，批判的思考を促す

本学習では，複数の統計資料（pp.58～59）を利用する。それらに記されたデータが双方のアンチテーゼとなるよう提示の仕方を工夫することで，批判的思考を促すことができる。つまり，生徒の頭の中をアクティブにしていく。

まず，先の動機づけで示した資料からは，生活に必要なモノやサービスを購入するという，日常生活を成り立たせるためという働く意義について押さえることができる。次に，右図を提示する。本資料からは，生産年齢人口の中でも，特に若い世代が，お金を得ることを強く目的視していることがわかる。しかし，老年人口世代はその逆の

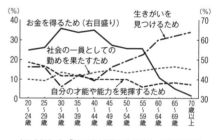

(平成20年度「国民生活選好度調査」内閣府より)

動きを示している。ここで、「なぜ、高齢者層は、働く目的をお金と思わなくなるのか」と投げかける。当然生徒は、データより「生きがいを見つけるため」という項目が上昇していることに気づき、理由づけをすると予想される。そ

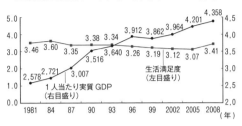

（平成20年度「国民生活選好度調査」内閣府より）

こで「定年退職を迎え、主たる収入源がないのでは」と投げかける。このことにより、生徒は働く意義の二面性について認識を新たにすることができる。ここでさらに、上図を提示する。本資料からは、国民1人当たりのGDPが右肩上がりの成長を遂げてきた反面、国民の生活満足度が長期的に低下傾向にあることがわかる。そこで、「なぜ、GDPの伸びと生活満足度は同じような変化をしないのだろう」と投げかける。この問いによって生徒は、「生活の豊かさとは何か」という本質的な問いをもつことができ、働く意義と幸福観との関係性にまで一歩踏み込んで考えるきっかけとなる。そこで最後に、現代社会の労働問題（過労死、超過勤務の実態など）を示す資料を提示する。このことで、豊かになるために働くことが、場合によっては相反する結果を招くことを認識できる。そこで、「労働者の権利を守るためにはどうすればいいのだろう」と投げかけることで、労働三法や労働組合の役割、あるいはワーク・ライフ・バランスの概念を見出すことができる。

3 資料提示を利用させたレポートを書かせる

本学習の評価は、授業で用いた資料を用いてレポートを書かせる。これにより、社会科の学習内容を踏まえた勤労観の広がり、その理由づけの根拠としての資料を活用する力などを評価することができる。定期考査で同等の資料を提示し、資料をもとに働く意義について記述させてみるのもよい。

主な参考文献

・内閣府ホームページ資料

（藤島俊幸）

勤労・労働

30 女性が働くと少子化が止まる!?
—労働環境と労働問題

ネタ→授業化のヒント

女性の社会進出状況や出生率を世界の国々と比較すれば，我が国の労働問題や少子化問題の原因を探る手がかりが見えてくる。

1 「M字」曲線の原因を見つめ直す

　私たちと現代社会の学習では，男女や夫婦の本質的平等や家族の形について学習する。そこでは，今後求められる男女共同参画社会の姿について検討することになる。しかし，教科書や資料集に散見される男女別の労働力率を表すグラフからは，20代から30代の女性の労働力率が落ち込んでおり，世界の国々と比較すると相対的に日本の女性の労働力率の低さが読み取れる。いわゆる「M字」曲線である。このような曲線になる原因としては，家事や育児は主に女性が担っていることが容易に思いつく。そこで教師は，「どうすればよいのか」とその解決策を問い，多くの生徒が，女性の社会進出を促すことの大切さや，男性が家事や育児に携わる必要性を主張し，男女共同参画社会を目指すことの大切さを確認して授業が終わる。このオーソドックスな学習指導にひと工夫加えたい。そこで，世界各国の出生率がわかる資料を準備し，出生率と女性の労働力率との相関を吟味することで，女性を取り巻く労働環境を中心とした様々な問題が見えてくる。例えば，育児のために働かないのならば，「働き続けている国の女性は育児をしていないのか」「他国では日本に比べ出生率が低いのか」「育児をしているのに，なぜ日本は少子化が進むのか」といった疑問にぶつかる。このような素朴な疑問を解決し

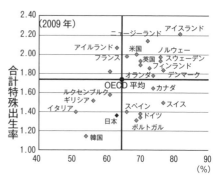

女性の労働参加率

（内閣府 男女共同参画会議 基本問題・影響調査専門調査会報告書〔平成24年2月〕より）

ていくことで，生徒の頭の中をアクティブにできる。

2 素朴概念を揺さぶる

　生徒の素朴概念を揺さぶるために，「女性が社会に出て男性同様に働き続けたとしたらどうなるでしょう」と問う。多くの生徒は「家事が滞る」「子どもが減る」などの意見を出す。そこで，前ページの資料を提示し読み取らせる。この資料からは，合計特殊出生率が高い国ほど女性の労働参加率が高いという正の相関があることに気づく。ここで，自身の考えとのズレが生じ，「なぜ働いているのに出生率が高いのだろう」という疑問が生じる。そこで，M字曲線を提示する。日本は20代から30代にかけての女性の労働力率が低く，その原因を，家事や育児に従事する必要性と関連づける。そして，「家事や育児に従事していれば，出生率が高くなるのか」と問いかける。この後，他国と日本の合計特殊出生率の推移を示した資料を提示する。このことにより，生徒は出生率と女性の労働力率とが必ずしも正の相関にあるわけではないことに気づく。むしろ，社会に出て仕事をしていることと少子化とは負の相関にあることが見えてくる。日本では家事や育児に追われることで，少子化を誘発しているのでないかという気づきにもつながる。逆に，出生率を下げてしまっていることに気づく。このタイミングで下記の資料を提示すれば，日本の労働者を取り巻く本質的な課題が見えてくるであろう。このように，複数の資料を使い，生徒の素朴概念を揺さぶることで，男女共同参画社会を実現する前提となる社会のあり方を見出し，見方や考え方を広げることができる。

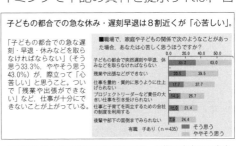

(内閣府 男女共同参画会議 基本問題・影響調査専門調査会報告書〔平成24年2月〕より)

（藤島俊幸）

福祉・社会保障

31 生命保険と社会保険，どう違うの？

導入ネタ

> **ネタ→授業化のヒント**
>
> 「保険」と聞いて生徒たちがイメージするのは生命保険ではないだろうか。様々な保険について知ることで，社会保障の具体を学ぶ導入としたい。

1 保険といっても様々な種類がある

社会保険について学習していて「よく宣伝されている生命保険は社会保険ではないの？」と尋ねられたことがあった。このできごとは，生徒たちがイメージする保険は生命保険であることを物語っている。したがって，社会保障制度の具体として社会保険の内容を取り上げたとき，生徒たちのとらえは，所得格差を縮小し社会全体で互いに助け合う機能（所得再分配機能）やセーフティネットとしての位置づけを欠いたものになりはしないだろうか。そこで，医療保険や年金保険といった公保険，生命保険や損害保険などの私保険といった具合に，ひと口に保険といっても様々な種類があることを確認したうえで，相違点と共通点を明らかにしていく学習を提案する。

2 保険の相違点と共通点

まず，保険の種類として公保険と私保険に分類でき，これが相違となる。公保険には教科書などで示されている医療（健康）保険，年金保険，雇用保険，労災保険，介護保険などがあり，社会保険として分類される。一方，私保険としては，生命保険や損害保険，個人年金保険などがこれに当たり，民間保険ともいわれる。社会保険は強制加入が原則であり，民間保険に加入する，しないは個人の自由である（任意加入）。共通点としては保険料をあらかじめ納入して，事故やリスクが発生したときに給付を受けるという点がある。このように，相違点と共通点を押さえた後に所得再分配機能やセーフティネットを図解で示すことで，社会保険への理解もより促進される。

（山内敏男）

福祉・社会保障

32 老人ホームって何種類もあるの？

導入ネタ

> **ネタ→授業化のヒント**
>
> ひと口に「老人ホーム」といっても，多種多様である。様々な役割を知ることで，高齢者福祉に求められているものは何かを学ぶ手がかりとしたい。

●多様化する「老人ホーム」

　一般的に「老人ホーム」についての生徒たちのとらえは，押し並べて「高齢者が集団で住んでいる施設」といったイメージではなかろうか。しかし，高齢化の進展，介護保険の導入（平成12年）に伴い，施設も多様化を呈している。授業では「老人ホーム」を「高齢者が利用する入所施設」と読み替えさせたうえで，施設数の推移などから高齢者福祉に求められているものについて理解していく手がかりとしたい。

　老人福祉施設のうち入所施設に該当するのは，老人短期入所施設（ショートステイ），養護老人ホーム，特別養護老人ホーム，軽費老人ホーム（ケアハウスが該当する）である。また，介護保険施設として分類されるのは，特別養護老人ホーム（介護老人福祉施設），介護老人保険施設と介護療養型医療施設である。

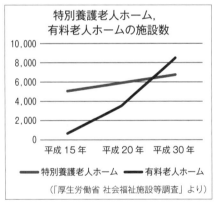

（「厚生労働省 社会福祉施設等調査」より）

このほか，認知症対応施設としてのグループホーム，有料老人ホーム，サービス付き高齢者住宅がある。これらの入所施設のうち，とりわけ施設数の伸び率が高いのが有料老人ホームである。待機希望者が多い特別養護老人ホームが20年間で伸び率1.33倍であるのに対し，何と12.84倍にも達する。このことから，特別養護老人ホームの供給が難しいこと，高齢者向けの住まいのニーズが拡大していることが理解できる。

（山内敏男）

福祉・社会保障

33 少子化なのに，なぜ待機児童が生じるの？

ネタ→授業化のヒント

子どもの数は減っているのに，保育所などの待機児童の減少は鈍い。その要因を問うことで，現代社会の様々な問題と関連していることがわかる。

1　子どもは減少しているのに，なぜ待機児童が生じるの？

少子化が進めば相対的に待機児童の数も減るのが一般的と考えられるのではないだろうか。右のグラフのように，就学前の児童数は減っているのにもかかわらず（平成19年からの7年間で就学前児童数は35万人あ

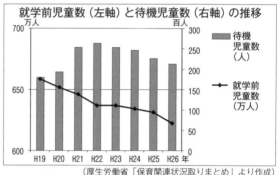

（厚生労働省「保育関連状況取りまとめ」より作成）

まり減少している），待機児童数の減少は鈍い（平成26年で21,371人）。この一見矛盾した状況から少子化社会における問題意識をもたせたい。

2　待機児童が生じる要因を考えることで，労働問題が明らかになる

待機児童をなくしていくためには保育所の増設は不可欠である。したがって，保育所の増設が十分でないから待機児童の減少は鈍いという予想は容易

```
○平成26年4月1日現在　保育所定員は234万人
　保育所定員の増加数（各年4月現在）
　平成22年──→平成23年──→平成24年──→平成25年──→平成26年
　　　　　（4.6万人増）　　（3.6万人増）　　（4.9万人増）　　（4.7万人増）
○平成26年4月1日現在保育所を利用する児童数は2,266,813人
　平成22年──→平成23年──→平成24年──→平成25年──→平成26年
　　　　　（4.3万人増）　　（5.4万人増）　　（4.3万人増）　　（4.7万人増）
　　　　　厚生労働省「保育所関連状況取りまとめ（平成26年4月1日）」より作成
```

にできるであろう。そこで前ページ下の資料を示すことで「保育所は増設されているのに，待機児童の減少は鈍い」ことに気づかせていくことで，待機児童が生じる要因を考え，話し合いをさせていく手がかりとしたい。

【待機児童が生じる要因】
〈労働問題①改善された労働条件〉
　・育児休暇が取りやすくなった→育児・介護休業法との関連
　・女性の社会進出がしやすくなった→男女雇用機会均等法との関連
〈労働問題②過酷な労働条件〉
　・労働時間の長時間化→収入の減少や育児休暇の不十分さとの関連
　・保育士の不足→低賃金や労働の過酷さとの関連
　・利用者の集中→通勤事情，都市への企業集中との関連
〈経済問題〉
　・共働き家庭の増加→不景気による母親の就職希望増加との関連
〈家族の変容〉
　・シングル親の増加→社会的支援，社会保障との関連
　・核家族化の進行→地域や社会で担う役割の変化との関連

3　要因の関連づけによる評価

　これらの要因のうち，例えば，共働きをせざるを得なくなった家族が増えれば，保護者，保育士とも労働時間は長時間化し，待機児童が生じるリスクは高まる。このように待機児童が生じる要因を出し合い，要因同士の関連づけをさせていくことで，現在起きている社会的事象の説明ができるようになることをねらいとしている。したがって評価は，説得力がある要因を挙げ，それがどのように関連づけられるかを見取っていくことになる。さらには次時以降，待機児童の解決策を考えていく学習が想定できる。

▶ 主な参考文献
・猪熊弘子『「子育て」という政治』角川SSC新書，2014
・全国保育協議会編『保育年報2015』全国社会福祉協議会，2015

（山内敏男）

福祉・社会保障

34 高齢化が進むと医療費は増えるの？

ネタ→授業化のヒント

一般に高齢化が進むと医療費は増えると考えがちである。実際はどうなのか各国のデータを比較し，今後の対応策へ合理的意志決定を促す。

1 高齢化が進むと医療費は増えるのか？

この問いに対し，生徒たちの予想の多くは「はい」と答えるであろう。

そこで，高齢化比率と医療費（対GDP比）の相関関係を資料から見ていくことで，高齢化の進展が一様に医療費増大を招くわけではないことを読み取ることにより，将来の日本の医療費政策はどうあるべきなのか，根拠をもった判断（合理的意志決定）ができるよう促したい。

2 グラフから何が読み取れるのだろうか

右のグラフは，高齢化比率との相関で医療費がどう推移してきているかについて示したものである。

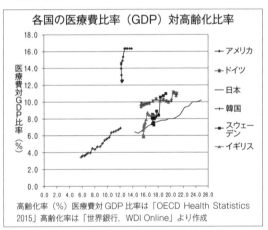

グラフから読み取れることを問い，次のような傾向を見つけさせたい。

① 高齢化（横軸）が進むと医療費やGDP比率は上昇する傾向にある。

② アメリカやイギリス，スウェーデンでは高齢化が進行しないのに，医療費は急上昇している。

③ 日本は最も高齢化が進んでいるのに，医療費の上昇は急激ではない。

④ 韓国やドイツは日本と同じような傾きである。

①の読み取りからは，全体的な傾向であり，高齢化が進むと医療費は増加

傾向にあることを確認できる。
　②について気づかせることで，各国が抱える課題について焦点化できる。
〈アメリカの課題〉
　医療費の高騰に悩まされ，オバマケアなど数々の医療システム改革にも関わらず，高齢化は低い反面，国民の所得の多くが医療費に注ぎ込まれた。
〈イギリスの課題〉
　高齢化は低い反面，医療費だけは上昇しており，米国と同様垂直に上昇しているのが目立っている。これは1980年代のサッチャー改革で医療が切り詰められた結果，その反動で医療費は増加したと考えられるのである。
〈スウェーデンの課題〉
　増大する社会保障費を社会保険方式で負担するのか税法式で負担するのか混沌とした時期があり，一時的な停滞ののち，医療費は上昇した。
　③日本や韓国，ドイツの変化は左右に長く，特に日本は高齢化のスピードと対GDP比の比較的良好なパフォーマンスを示しているといえる。

3　日本が医療に対して今後どう対応していけばよいのかを考えさせる

　上記の展開ののち，未来予測（このままだと高齢化によりさらに医療費は上昇すること）をさせたうえで，対応策について問う。ここでは，OECD諸国で行われている5つのプランを提示する。国民に対して，①患者負担を増やす。②民間医療保険を使いにくくする。③国や医療機関に対して，診療報酬の制約を厳しくする。④費用対効果分析（その診療や薬の処方が適切であるか）を改善して無駄を減らす。⑤公的医療保険給付の対象範囲を縮小する。これらのプランのメリット・デメリットを話し合う中で，合理的な方法（複数可）への意志決定を発言やワークシート記述から見取り，評価する。

■主な参考文献■
・本川　裕『統計データはおもしろい！』技術評論社，2010
・堀内義裕「わが国の医療費の将来見通し－医療費の増加にどのように対応するか－」『ファイナンス』2011年6月号，pp.79-86

（山内敏男）

財政

35 「こんな税にあんなきまり……」笑った後はその効果も考えてみよう 〔導入ネタ〕

> **ネタ→授業化のヒント**
> 税のねらいを考えることから，税には人々の行動を一定の方向に向かわせる，法や規制と似た効果があることに気づき，興味・関心を深める。

1 この税のねらいは何？ どういうメリットとデメリットがある？

- 犬税（ドイツ）（都市により異なる。以下はベルリンの例）
  1頭目約15,000円／年，2頭目以降1頭につき約21,500円／年
  日本でも昭和30年～57年の間に犬税のある自治体があった。
- 独身税（ブルガリア）1968年～1989年
  20歳以上の独身者に収入の3～5％を納めさせた。
- ポテトチップス税（ハンガリー）
  肥満防止のため。1キロ当たりポテチ約70円，ケーキ約35円
- 渋滞税（イギリス）（渋滞緩和とともにハイブリッド車推進効果も）
  ロンドンに車を乗り入れると約1000円。ハイブリッド車は無料。

※アメリカでは，高速道路に2人以上乗っている車専用レーンがあり，渋滞していないことが多い。これは相乗りを推進し，渋滞緩和と環境保護を狙うもの。対抗策としてマネキン人形を乗せるアイデアも出たが……。

2 泉佐野市が断念した犬税……あなたはどう考える？

2014年7月，泉佐野市は「市内で登録されている犬約5000匹に年2000円の税をかけ，その収益1000万円をふん放置対策にあてる計画」を断念した。その理由はなぜだろう？「税金の一般原則」から推測してみよう。

- 「公平の原則」⇔なぜ犬のみ税を払うのか
- 「明確の原則」⇔対象となる犬をどう把握するか（登録してない人もいる）
- 「最小徴税費の原則」⇔税収より徴税コストが高いと意味がない
- 「便宜の原則」
  https://www.zeiri4.com/c_1076/n_63/

（升野伸子）

財政

36 パーフェクトを目指せ！国税庁のクイズに挑戦！

導入ネタ

> **ネタ→授業化のヒント**
>
> 国税庁のHPに面白いクイズがのっています。学校のパソコン環境に合わせて，教室でやってみて。例えば，誰かに出てもらって解かせるとか……。

1 国税庁・財務省のHPで遊ぼう

国税庁HP

財務省HP

パソコンをテレビにつないでクイズを解こう。導入として全体で遊ぶのも面白い。

2 学習の前と後に標語を作ろう

税についての勉強をする前と後で，標語作りに挑戦してみよう。学習の後の標語は，どんなふうに幅が広がったか，税のイメージがどう変わったか，比べてみよう。

国税庁HP 税の学習コーナーより

3 税の学習コーナーを利用しよう

HP内の税の学習コーナーを利用しながら，用語やしくみの学習をしよう。

動画で見る「税務署の仕事」を見て，払える税を滞納すると，そのための徴税コストがかかってしまうことに気づこう。

（升野伸子）

37 財政 身近な予算案から効率と公正の考え方を学ぼう

> **ネタ→授業化のヒント**
>
> 具体的な予算を例に，お金の使い方，集め方について考えさせ，予算案を見る視点を習得したうえで，国や地方自治体の予算の学習につなげていく。

1 何にいくら支出しているか―身近な予算から考える

　勤務校の生徒会予算，PTA予算，学区の小学校のPTA予算，部の予算，町内会予算などを取り上げ，お金の使い方と集め方について具体的に考えさせてみよう。予算は，どのように項目分けされて何に使われているのだろうか。そしてそれは，どのようなプロセスを経て決まっているのだろうか。使い道は果たして公正なのだろうか。無駄を省くとしたら，どのような努力ができるのだろうか。生徒会予算がある場合には，学級の生徒会役員に説明してもらってもいいし，予算関連のお知らせプリントなどがあればなおよい。

　次に，その費用はどのようにまかなわれているかみてみる。一定額の会費収入であれば，会費が定額であることについて意見を聞いてみよう。身近な生徒会予算がない場合には，自分たちの学校に生徒会があるとして，生徒会費をどのように集め，どのように配分するか，立案させてもよい。

　身近な地方自治体の予算の学習では，まず予算項目を紹介し，「○○市では，どのような項目が多いだろうか」と予想を立てさせる。次にその金額を確認しながら，複数の自治体の予算案からの地名当てクイズを行ったり，都市と地方での予算項目の差などに着目させたりすることもできる。具体的な事例を一つこなすと，それをさまざまな場面で応用することができる。

2 授業のねらい

　実際の配分額を予算案の形で見たり，自分たちで計画させたりすることで，配分の原則にはどのようなものがあるか，根底にある原理を考えることができる。

・人数に比例する…配分の議論と時間を節約
・使う金額に応じる…必要をどう査定するか
・同じ金額を配分する…配分に関する時間と議論を節約
　つまり，平等にはさまざまな側面があることを，具体的に学ぶことができる。
　集金も同じである。受益額に応じて負担，同額を負担，所得に応じて負担，などのさまざまな考え方がある。

3　授業の展開

(1)　部活動の予算配分

　部活名，部員数，実績，主な経費の一覧表を作成し，10万円の配布計画を班で考える。部活に入っていない生徒も何人かいる設定にする。運動部だけでなく文化部も想定する。

(2)　いくつかの班に金額とその根拠を発表させる。

(3)　根拠から，・そこにある平等の原則を考えてみる→さまざまな公正
　　　　　　　・効率（原則がはっきりして一律にあてはまること）
　の概念が，どのように具体化されているかを整理する（教師が整理してもいいし，生徒が説明しても良い（やや難））。

(4)　国の予算は，人数も多く，対象となる人が，さまざまなニーズがあることを確認する。

(5)　国の予算のうち，歳入または歳出の内訳確認
　　歳出ならその支出の内容と，どのような理念で支出されているか。
　　歳入なら税の名称とその徴税理念を考えさせる。

4　評価の仕方

・話し合いに積極的に参加したか（関心・意欲・態度）

・具体化されている方法（原則）は，どのような観点から公正や効率といえるかを，説明することができたか（思考・判断・表現）。

	部員数	要求額	実績
サッカー	18	ボール1個1万円×5個	県代表
バドミントン	55	シャトル1個200円×300個	1回戦負
バレー	14	ユニフォーム5000円×14	市代表
バスケット	35	ボール1個1万円×14	1回戦負

（升野伸子）

38 誰にいくら税を負担してもらう？ それはなぜ？

財政 　AL ネタ

ネタ→授業化のヒント

具体的な税金の金額を考え，その根底にある正義や公正の考え方を多面的・多角的に検討し，そこから実際の税金についての学習につなげていく。

1 あなたは国税庁長官。税についてどんな説明をする？

　所得額300万円のAさんと，600万円のBさんからなる国がある。それぞれいくらの税金を負担してもらう？　理由はなぜ？　図にかいて説明してみよう。

　このとき，正義の原則として次の２点があることに気づかせる(例1・2)。
・所得の高い人のほうが税額が少なくなってはならない。
・税を引いた残り（手取り）が逆転しては（同じになっては）ならない。

　次に，定率と累進税率について，各々が果たす役割を数字で確認し，公正について多面的に考える。時間があれば，同じ所得で家族の有無などの条件の差による税額について考えてみる。

　これらの原則を理解したうえで，典型的な税である所得税と消費税のしくみと，そこにある徴税理念について考え，税についての理解と関心を深める。

2　授業のねらい

　条件の異なる人が負担する税額を具体的に考えることで，多面的・多角的に考える方法の一つを身につける。そして，公正や正義と効率を実現させるための工夫について理解し，税についての理解と関心を高める。

3　授業の展開

(1)　全く同じ条件の２人Aさんと Bさんが，所得だけが300万円と600万円と異なっているという条件の確認をしたうえで，これは絶対にダメというギ

所得	例1	理由	例2	理由	
A300	30	所得の低い人が多く負担	100	残額が同じになる。	これは，正義の原則に反しているといえる。正義とは，誰が見ても判断可能な公平性ともいえる。
B600	29		400		

リギリの税額を聞き，その理由を考える。

※例2は，残額に着目しているのがポイントである。

(2) 次に，よくある事例として，次の2つのケースを，課税後の2人の差額と倍率という2つの側面から評価する。

		例3	残額	例4	残額	例5	残額
Aの所得	300	30	270	30	270	30	270
Bの所得	600	60	540	90	510	40	560
差額	300		270		240		290
倍率	2		2		1.9		2.1

税額だけを考えるのではなく，差額や倍率に着目すると，定率の課税の場合は2人の差は縮まるが，倍率は変化しないので，「貧富の差を縮める（所得再分配）」という財政の機能の一部しか果たしていないことに気づく。

(3) では，なぜ，例2のような累進的な課税は，一部の税（所得税や相続税）に限られているのであろうか。

　これらの税は，年に一度または一生に一度。それに対して，消費税などは毎回かかる。そのたびに，所得の把握はできないので定率とする。つまり効率面も考慮されている。

(4) 税には，このほか，誰でも同額負担する入湯税などもある。

(5) しくみを理解したうえで，各々の税についての説明を加える。

(6) 時間があれば，徴税したあと定額の給付をする（負の所得税＝定額給付金）ことで，所得再分配を行ったり，扶養条件の差を埋めるという考えを紹介してもよい。また，どのような人に給付するか，アイデアを出しても面白い（例：子育て中・私立高校生・病気・障がい・高齢など）。

4　評価の仕方

・話し合いに積極的に参加したか（関心・意欲・態度）。

・具体化されている方法（原則）は，どのような観点から公正や効率といえるかを，説明することができたか（思考・判断・表現）。

（升野伸子）

政府の役割

39 「中学校を民営化！ 学費は年間100万円」あなたならどうする？

導入ネタ

ネタ→授業化のヒント

政府の役割の一つである公共財の供給について，もしそれがなかったらどうなるか，という視点から，政府の意義について考えていく。

●もし日本の中学校が民営化されたら

　ある日突然，「中学校に在学希望者は実費を年間100万円払ってください。退学は自由です」というお知らせプリントが配布された。その結果，様々な理由で退学する生徒がいたら，どのようなメリットとデメリットがあるか，本人・周囲・社会全体，さまざまな視点から意見を出し合おう。

【デメリット】
・勉強しない→将来いい仕事につけない→本人の貧困化　会社が人材不足
　　　　　　　　　　　　　　　　　　　社会が豊かになれない
・ゲームばかりする→怠惰になる→人格を磨けない？
・運動しない→肥満→不健康。結局医療費増加？
・人と協力する体験学習少ない→社会性が身につかない（？）

【メリット】
・無理にストレスの多い学校で過ごす必要はない→いじめから離れる？
・自分のやりたい勉強を能力に応じて塾などで行う→効率的？

　学校は，民間でも供給可能なサービスではあるが，その便益は，個人の資質を伸ばすだけでなく，社会全体に及ぶ性質のものでもある。財政の役割の一つである公共財の供給の意義を理解し，公園や道路・橋などの社会資本を政府が整備する意味を考え，身の回りの社会資本についての興味や関心を深め，学習についての意欲を高めることをねらいとしている。関連して，今日学校に来るまでに目にした社会資本（公共施設）をあげさせてもよい。

（升野伸子）

政府の役割

40 安売り禁止！ それって経済活動への介入？ それとも……

導入ネタ

> ネタ→授業化のヒント
>
> カルテル行為による高値販売が禁止なのはわかるけど，どうして安売りが禁止なのかな？ 公正な経済活動のために政府が果たす役割について考えてみよう。

●政府の役割の何に当たるか？

　政府の役割を経済面からみると，景気調整・所得の再分配・公共財（公共施設）の供給が挙げられる。この3つの他に，経済活動が円滑に行われるような環境の整備や，公正な競争が行われるための法整備や規制などもある。独占禁止法を制定し，公正取引委員会が置かれているのもその一つである。

　例えば，次の是非について考えてみよう。かつて，牛乳の原価割れ販売が独禁法違反とされたことがあった。これはなぜだろうか。原価割れ販売を許すと，体力のあるスーパーのみ生き残れるが，それはフェアな競争とはいえず，また結果として独占（寡占）へとつながるというのがその理由である。しかし，賞味期限間近，季節商品の売れ残り，傷などがあるものはもちろんこの限りではない。

　これっていいの？ というクイズとともに，政府の意義と独占禁止法・公正取引委員会の学習を併せて行ってもいいだろう（公取委 HP 参照）。

（升野伸子）

41 究極の少子化対策！ 中学生までに月5万円支給？ それってできる？

政府の役割

AL ネタ

> **ネタ→授業化のヒント**
>
> 15歳以下の人口や消費税率から必要な金額を具体的に計算することで，政策に対するイメージをもつ。合わせて子育ての負担は誰がすべきか考える。

1 政府の役割の何に当たるか？

これは，政府の役割の何にあたるのだろうか？ 「公共財の供給」か「所得の再分配」か？ 日本では子どもの養育は主として親（家族）の負担となるが，その利益は社会全体に還元される（親は利益もあるが不利益もある（？）……）。そこから考えれば公共財ともいえる。子どもを公共財とみなすことには賛否両論あるが，一橋大学の入試問題に似た内容が出題された。税収を増やすために消費税を上げれば，増税と給付の関係から所得の再分配となる。こう考えると，政府の役割の両方に該当する。この政策は，社会においてどのような意味があるのか，考えてみよう。

2 授業のねらい

税金や予算を，日本の人口と関連づけることでその金額に実感がもてるようにし，興味・関心をもちながら，経済データを見る。次に，ある政策がどのような影響を及ぼすか，異なる立場から考えさせる。政策には，子どもにお金を回すほか，高齢者に年金として支出されるものもある。どちらにどのくらい支出するかは社会選択であることに気づかせ，どのような社会がより公正な社会であるか，考えてみる。

3 授業の展開

(1) タイトルを提示し，簡単に意見や感想を聞いてみよう。

(2) 具体的な数値をあげて考えてみる。

　　日本の15歳以下の人口…約1600万人

　　必要な財源　月5万円×12（月）×1600万＝9.6兆円

現在の消費税収　17.6兆円（2015年見込み）
　消費税率が2倍の16％になれば，約30兆円の税収が予想（＋12兆円）。
(3)　この政策に賛成・反対の人は誰か，その理由はなぜか，考えてみよう。
　賛成・子ども3人の世帯…消費税が上がっても月15万の収入は魅力。
　　　・これから子どもをもつ若者…今は大変だけどいずれメリットが。
　　　・子ども一人の夫婦…2人目3人目産もうかな？
　理由・子育てのメリットは社会全体に及ぶのだから，親だけがその費用を
　　　　負担するのは不公平。
　　　・子どもの間の貧富の差が縮まり，教育の格差が減る。
　　　・有効な少子化対策で，結局は社会全体が得をする。
　反対・高校生以上の子どもがたくさんいる夫婦
　　　・独身の人　・子どものいない夫婦　・高齢者
　理由・たくさん育ててきたのに，高校生以上だから区別されるのは不公平。
　　　・自分は結婚もできそうもないので損するばかり。
　　　・高齢者は消費税が上がるだけ。
　　　・子どもを産む産まないは本人の自由。
　※個人だけでなく，社会全体について考えを向けさせる。
(4)　日本の財政から考えてみる（2014年のデータ）
　高齢者人口3296万人，社会保障関係費30.7兆円うち年金関係10.7兆円
　高齢者一人当たり32万円，年金として税が支出されている。
　（32÷12＝2.7万円／1か月）
(5)　誰にいくら財政支出を当てるかは，社会選択であることを説明し，どの
　　ような社会が望ましいか，意見を出し合う。
4　評価の仕方
・話し合いに積極的に参加したか（関心・意欲・態度）。
・意見を出す場合，立場の違いを理解し，どのような観点からの意見である
　のか，説明することができたか（思考・判断・表現）。

　　　　　　　　　　　　　　　　　　　　　　　　　（升野伸子）

政府の役割

42 結婚しないって本当ですか？
働き方と社会保障と家族の変化

ALネタ

> ネタ→授業化のヒント
>
> 日本は結婚しない人が増えている。その要因や影響・対策を考え、政府の果たす役割について意見を出し合い、将来の日本社会の変化を予想してみる。

1 非婚化の現状

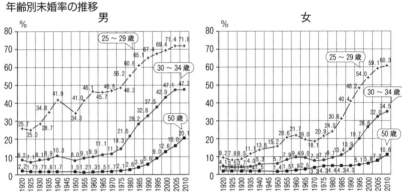

年齢別未婚率の推移

（注）配偶関係未詳を除く人口に占める構成比。50歳時の未婚率は「生涯未婚率」と呼ばれる（45～49歳と50～54歳未婚率の平均値）。
（資料）国勢調査（2005年以前「日本の長期統計系列」掲載）
出典：「社会実情データ図録」(http://www2.ttcn.ne.jp/honkawa/)

グラフのように、日本の未婚率は1970年頃から徐々に上がり始め、50歳男性の未婚率（生涯未婚率）は2割となった。1970年代までは皆婚社会であった日本は、大きく変わっているのである。

2 授業のねらい

非婚率の推移から、これに関連する社会の影響や対策などを考えて、用語と図で示す作業をしながら、政府がどのようなことを政策として行っていけばいいのか（役割とすればいいのか）、意見を出させる。例えば、非婚は個人の自由でいいことだ、と考えるのであればそれはそれでいいので、社会への影響や変化の方向性について意見を出させる。

3 授業の展開

(1) 男女別の未婚率のデータを示し，晩婚化・非婚化を確認する。
(2) 班ごとに，未婚率の上昇からいきつく結果や，その原因などを図にかき出し，線でつないでいく。それぞれの関係について，対策・メリットなど自由に書き込む。いくつかの語句はあらかじめ，教師が指示してもいい。
（原因→結果，矛盾は⇔，関連は──など）
(3) 学習したことを総合的に用いて，将来どのような社会が望ましいか，そのために政府がどのような政策を行えばいいか意見を出し合う。
(4) 班ごとに発表する（カメラで映し，拡大表示するなど）。適宜質問する。
(5) 将来の日本社会は「○○な社会になります」とまとめてみる。

4 評価の仕方

・話し合いに積極的に参加したか（関心・意欲・態度）。
・意見を出す場合，政策についてや今までの学習の知識を総合して，多面的・多角的に考察することができたか（思考・判断・表現）。

【未婚者が増えると…？】

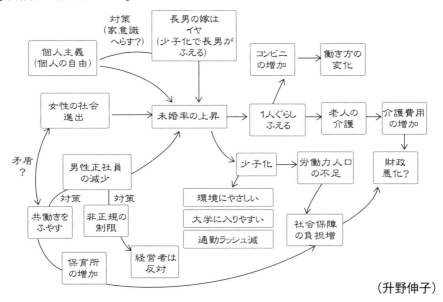

（升野伸子）

日本国憲法

43 日本国憲法で最も大事なものは何か

導入ネタ

ネタ→授業化のヒント

日本国憲法の三大原則などを理解している生徒は多いが，憲法がどのような考えに基づいて成り立っているか，どのような構造をもっているか理解するのは難しい。どのような問いを立てると憲法の本質を理解しやすいか考えてみたい。

●憲法の構造を理解する

　日本国憲法とはどのようなものであるか理解させるのに，次の2つの問いを導入として提示することから授業を組み立ててみたい。すなわち，「日本国憲法の中で最も大事な条文は何か」と「憲法は誰が守るのか」である。

　前者に対しては様々な回答があってよいし，むしろクラスの中で多様な意見が出されることが望ましい。自分が選んだ条文をもとに，なぜ自分がそれを選んだのか述べ，他者と意見を交換させることにより，互いの多様な価値観に気づくことができる。また，自分たちが選んだ条文を紙に書かせ，分類・整理してみると，日本国憲法が大事にしている価値が自ずと明らかになってくるはずである。それらの活動を経て，憲法第13条を提示する。「条文の中に最大の尊重を必要とする，と書かれている条文がある」と問いかけ，「個人の尊重」が最も大切な価値であると解釈できることに気づかせる。

　後者の問いに対しては，中学生の多くは「国民」と答えるだろう。これに対しても，条文の中から「守る（擁護する）義務を負う」とされているのは誰か，探させてみるとよい。憲法第99条を探し当てられれば，憲法とはどのような性格をもっているものなのか，理解できるだろう。

　最後に，大日本帝国憲法の制定に関わった伊藤博文の次の言葉を引用したい。「そもそも憲法を創設するの精神は，第一君権を制限し，第二臣民の権利を保護するにあり」。このように，2つの問いを中心に授業を組み立てることで，憲法の本質への理解が進むことであろう。　　　　（寺本　誠）

日本国憲法

44 独裁政治は絶対に許されないか

導入ネタ

ネタ→授業化のヒント

日本国憲法の前文で述べられている国民主権。あえて，相反する独裁政治の視点で考えさせることで，当たり前のものではないことを認識させたい。

●なぜ独裁政治は許されないのだろうか

「独裁政治は絶対に悪い」という固定観念から一度離れて，なぜわれわれは独裁政治ではなく民主政治という政治システムを採用しているのか考えさせたい。そこで，あえて「自分が独裁政治をするなら」という仮定に立ち，下記の1〜3の問いについて考えることを通して問題点に気づかせ，民主主義にとって必要な原則を考えさせたい。

> 問1 あなたはある国の王様になったとします。あなたは，一人で何でも決めたほうがよりよい政治ができると考え，独裁政治を始めたいと考えました。あなたが独裁政治をすると宣言したところ，国民から反対意見が出ました。どのような意見が出されたと思いますか。想像して書いてみよう。

ここでは，独裁政治のデメリットを数多く挙げさせたい。少数意見が反映されない，誤った方向に進んだとき歯止めが効かないなど。

> 問2 あなたがそれでも独裁政治を実行したいと考えたとき，独裁政治に反対意見をもつ人々に対してあなたはどのように対応しようと思いますか。

言論の自由を封殺するような法律を発動したり，過度に重い罰を加えたりすることが挙げられる。

> 問3 日本では独裁政治を行うことができません。どのようなしくみがあるからといえますか，日本国憲法の条文の中から探してみよう。

国民主権，三権分立のしくみ，個人の尊重，国会の立法権など，数多く挙げることができるはずである。

(寺本　誠)

日本国憲法

45 テロに遭った航空機を撃墜することは許されるか

ネタ→授業化のヒント

緊急の状況下において人間の命を他の何かの手段に使うことは許されるのか，という究極の問いを提示しながら，日本国憲法が大事にしている価値に気づかせたい。

1 究極の問いから憲法の価値を考える

日本国憲法第13条では「すべて国民は，個人として尊重される」とし，「生命，自由及び幸福追求に対する国民の権利については，最大の尊重を必要とする」と述べている。この「個人の尊重」という概念を実感としてもたせるために，人の生命に関わるジレンマ課題について議論させたい。

題材として取り上げるのは2001年9月11日にアメリカで発生した同時多発テロである。3機の航空機が標的に突入した時点で，もう1機の航空機も首都ワシントンD.C.を目指していたとされる。結局，その航空機は到達することはなかったが，アメリカ政府は刻一刻と首都に近づく航空機に対して，一つの決断を迫られていた。戦闘機によってその航空機を撃墜し，乗客の命を犠牲にして地上のより多くの人々の命を救おうとするものである。

生命を手段として問題を解決させることは正しい方法といえるだろうか。授業ではこの究極の問いに対して，生徒たちがどのような判断をするか考えさせたい。このような状況下での，人の生命に関わる価値判断や意思決定は容易ではない。たとえその解決策が全員一致でなされた合理的な結論であったとしても，我々の道徳的な心情に照らすと簡単に承知し難く，広範な議論を要する問いとなる。この問題を考えるうえで，2つの道徳的教説がある。まず，全体の利益のために少数を犠牲にすることは，正義に反しており，正当化されない。一方，全体の利益を向上させることこそが，正義にかなった行為であり，そのための少数の犠牲は正当化されうる。どちらを優越すべきか正しい答えはない。だからこそこのジレンマ課題について考える意義がある。

予想される生徒の意見として，「そのまま建物に激突すれば，乗客も地上にいる人も亡くなり，より多くの犠牲者が出てしまうので，より多くの命を救うべき」といった，犠牲者の数を比較して撃墜すべきと判断する傾向が強まるのではないかと思われる。ただ，少数であっても，「人の命を数の多寡で判断するべきではないと思う」「国家が国民の命を奪うことは許されない」といった反論が出てくることを期待したいし，もしなければ，教師が問いかけながら生徒たちの判断を揺さぶりたい。また，考える視点として，どのようにしてハイジャック機がテロかどうかを判断するのか，いつの時点で誰がどうやって撃墜命令を出すのか，撃墜した場合，必ず地上に住む人々の安全を保障できるのかなど，実際にはクリアすべき多くの課題があることに気づかせたい。

2　ドイツ航空法

　ドイツはこの答えのない課題に対して，2004年「ドイツ航空法」を成立させて，解決を試みた。この法律の最大のポイントは，航空機を使ったあらゆる犯罪について，国防相が撃墜命令を出せるという点である。ドイツは全体の利益を向上させることこそが正義にかなった行為であり，そのための少数の犠牲は正当化されうるという判断を行ったのである。

　しかし，一度は施行されたこの法律に対して，ドイツ憲法裁判所は「人間の尊厳」と「生命への権利」に適合しないとして違憲判決を出し，無効とされた。この判決は，われわれに大きな示唆を与える。日本国憲法でも個人は最大限に尊重されることが保障されている。だが，いつ都心が航空機テロの被害に遭うかわからない。実際にそのような事態が現実となったとき，航空機の乗客の命と地上に住む人々の命のどちらを優先すべきなのだろうか。そもそも生命に優先順位をつけられるのだろうか。この判決結果をもとに，ドイツ憲法裁判所の判断を支持するか，否かという問いを最後に示し，自分なりの意見を構築させたい。人の命をどのように扱うべきかという難解な問いに対し，生徒たちが憲法における「個人の尊重」に依拠して議論を深められれば，本授業の目的が達成できたと言える。

　　　　　　　　　　　　　　　　　　　　　　　　　　　（寺本　誠）

46 火災が発生！ 消防士は誰？

平等権

導入ネタ

> **ネタ→授業化のヒント**
> 6つのカードを並べかえることを通して、男女雇用機会均等法の制定・改正を学習し、男女共同参画社会について考えさせる。

1 「火災が発生！」のカードを並べかえてみる

次のA～Fのカードを意味が通じるように並べかえてみてください。

- A．数時間後、消防隊が到着し、がれきの間にいる人を救い出した。
- B．父親は亡くなってしまった。
- C．あるとき、大きな火災が起き、道路に建物が倒れてきた。
- D．たまたま歩いていた男性と、彼の娘は建物の下じきになった。
- E．消防士は「なんでここに私の娘が！」と悲鳴をあげた。
- F．彼の娘は、がれきの間にはさまれ、重傷を負った。

2 消防士は男性？女性？

消防士は娘の母親である。これがわかれば、C→D→B→F→A→Eと並べかえることができるだろう。消防士は男性のイメージが強いが、女性の消防士もいる。2014年度の女性消防士数は4,290人（全消防士数161,244人）。女性の消防士が少しずつ増えている背景には、男女雇用機会均等法がある。男女雇用機会均等法は1985年に制定された。このとき、企業に課せられたのは、募集・採用、配置・昇進の際、男女を均等に取り扱う「努力義務」だった。そこで、1997年の改正では「努力義務」を「義務」にし、関連して労働基準法の女性の深夜労働や休日労働の制限が撤廃された。女性消防士が増えたのはこの改正が大きな要因になっている。さらに2006年の改正では、女性だけでなく男性への差別も禁止されている。社会は「男女共同参画社会」へと少しずつ向かってきているのである。

（小貫　篤）

47 自由権 銭湯は自由につくれない？

導入ネタ

> **ネタ→授業化のヒント**
> 自由権についてのクイズを考えることを通して，自由権には精神の自由，生命・身体の自由，経済活動の自由があることを理解させる。

1 自由権○×クイズ！ ○か×か？
　A．銭湯は，今ある銭湯から200m離れないと新しくつくることはできない。
　B．都道府県立博物館に野外展示された神社の賽銭箱へ入れたお金は「お賽銭」ではなく「落とし物」である。
　C．日本の死刑は，首つりは残虐だから，電気椅子によって行われている。
　D．薬局が隣通しに並ぶと競争が激しくなって薬の品質が悪くなるから，100m以上離れてつくらなければならない。

2 クイズの解答はA－○，B－○，C－×，D－×
　A　最高裁は銭湯の距離制限を合憲としている。銭湯が乱立すると経営が苦しくなり衛生状態が悪くなるという理由だった。その後，銭湯は家に風呂がない人などには大切なので，安定営業のためには規制が必要とも述べている。
　B　「北海道開拓の村」には，当時の神社が復元され，賽銭箱にお金を入れる人もいる。このお金を「賽銭」として道庁が収受すれば政教分離に反すると議会で問題になり，結局，賽銭箱のお金は落とし物扱いになった。
　C　日本の死刑は，床の一部を開くことにより死刑囚を落下させて絞首する方法で行われる。最高裁はこれを残虐な刑罰ではないと判断し，多くの学説も死刑が憲法に違反しないという立場をとっている。
　D　かつては薬局が乱立すると質の悪い薬が出回るという理由で薬局の距離制限があった。最高裁は違憲判決を出し，距離制限は撤廃されている。また，現在では薬のインターネット販売も可能になっている。　　（小貫　篤）

48 平等権　入試で女子を優遇してよい？

ALネタ

ネタ→授業化のヒント

「九州大学理学部の入試」という現実のアファーマティブ・アクションの事例を考えさせることを通して，平等権の理解を深めさせる。

1　「1本の笛と3人の少年」で考え方を学ぼう

　男の子A，B，Cが1本しかない竹の笛をめぐって争っている。Aは13歳。他の2人よりも笛を吹くのが上手。Bは12歳。3人の中で一番貧しく，おもちゃはほとんど持っていない。Cは12歳。誰のものでもなかった竹を材料にして，自力で笛をつくった。3人の住んでいる村では，年上のいうことに従う文化がある。3人のやりとりを見ていた12歳の女の子がいた。女の子は内心は「私も笛が欲しいけど，女の子だし，男の子の話に首を突っ込むのはおかしいかな」と思って立ちすくんでいた。みなさんなら，だれに笛を渡す？

　これには，以下の考え方がある。第1に，みんなの満足度を高める考え方。笛を吹くのが上手なAに笛を渡せば，Aも，Aの演奏を聞く2人の満足度も高まるというものである。第2に，最も不遇な人に渡す考え方。おもちゃを持っていないBに笛を渡すことになる。第3に，結果ではなく手続きに注目する考え方。Cは誰のものでもない竹を探してきて笛を作ったのだから，笛はCのものという考えである。第4に，3人の属する共同体の価値観を重視する考え方。年上のAに笛を渡すことになる。第5に，性役割に注目する考え方である。笛が欲しいと思いながら3人を見ていた女子に注目し，女子を含めて4人でどのように笛を配分するのか協議することになる。

2　「九州大学理学部の入試」でアファーマティブ・アクションを考えよう

　九州大学理学部は，2010年3月に2012年度の一般試験から数学科の後期日程定員9人のうち5人を女性枠とすると発表した。その理由として「優秀な女性の人材を育成しないのは社会にとっても損失」「女性ならではの視点と感性で教育，研究に多様性をもたせたい」「女性研究者を増やす」といった

ことが挙げられている。これについて,「１本の笛と３人の少年」で学んだ考え方のどれを重視するか明らかにして,賛成か反対か考えてみよう。

　第１の考え方だと,①女性枠で女性は合格する可能性が上がるから満足度は高まるし,男性はより勉強する動機づけになり結果として学力が上がるため賛成と,②合格の可能性が高まるから女性の満足度は高まるが,男性の満足度は減る,男性の受験生の数が女子より多く全体の満足度は減っているから反対という２つの結論が考えられる。第２の考え方だと,女性の合格者や研究者が少ない現状を変えるためであれば,この制度に賛成になる。第３の考え方だと,個人の努力の成果が入試の結果として現れるのだから,これには反対になる。第４の考え方だと,九州地方という地域性が現状を生み出しているのであれば,現状を受け入れるべきというように主張するかもしれない。第５の考え方だと,女性研究者や女性の合格者が少ない理由を家庭や社会環境に求め,それを是正するためにこれに賛成となる。

3　授業のねらい・展開・評価

　授業のねらいは,上の事例を考えることで平等権の理解を深めることである。

　授業の展開は,６つの段階に分かれる。第１に,「１本の笛と３人の少年」の例で笛を誰に与えるかを考えさせる。第２に,５つの考え方を解説する。第３に,「九州大学理学部の入試」を５つの考え方のどれを重視するか明らかにして賛成か反対か考えさる。第４に,賛成・反対で集まってクラス全体で車座になり,話し合わせる。第５に,クラス全体の話し合いを踏まえて,自分の考えを書かせる。第６に,「九大『女性枠』を撤回」という新聞記事を提示して,九州大学がこの制度を撤回したことを説明する。

　授業の評価は,各段階で自分の考えやグループの結論を書かせるプリントをつくり,そのプリントで評価を行う。

　　　　　　　　　　　　　　　　　　　　　　　　　　　（小貫　篤）

自由権

49 数百人の命がかかる爆弾の隠し場所を拷問で聞き出してよい？

> **ネタ→授業化のヒント**
>
> 数百人の命を危険にさらす時限爆弾の隠し場所を，拷問で聞き出すことが許されるかを考えることを通して，拷問の絶対禁止と世界的な潮流を理解させる。

1 きみはどう考える？

20××年〇月△日，日本国内に，あるテロ組織によって爆弾がしかけられた。テロ組織からは「首相は中東の準国家組織を国として認め，経済支援をしろ。さもないと，爆弾を爆発させる。爆発すれば数百人の命が危ない。猶予は48時間だ」と声明が発表された。爆弾はどこに仕掛けられたか全くわからない。10時間が過ぎた頃，別の事件で逮捕された日本人が爆弾を仕掛けたグループと同じテロ組織に属していることがわかった。逮捕された容疑者は，爆弾設置の命令したのは自分であり，設置場所を知っているという。警察の取り調べに話す気配は全くない。制限時間はだんだんと迫っていた。

数百人の命を救うために，この容疑者に対して，爆弾の隠し場所を話すまで長時間強い光を当て続けて眠らせなかったり，トイレに行かせなかったりして爆弾の隠し場所を聞き出すことは許されるか？

2 授業のねらい・展開・評価

授業のねらいは，上の問いを考えることを通して憲法第36条で拷問が絶対に禁止されていること，近年の「テロとの戦い」で世界的にはこれが揺らいでいることに気づかせ，自分の考えを深めさせることである。

授業の展開は，以下の5段階で進める。

第1に，上の問題について自由に意見とその理由を言わせる。

第2に，4，5人の班をつくらせ，各班で結論を出すように指示して話し合わせる。話し合わせる際，拷問禁止条約第1条にある拷問の定義を提示して，長時間強い光を当て続けたり，トイレに行かせなかったりするのは拷問

にあたるか考えさせる。また，世界人権宣言第5条には「何人も，拷問……を受けることはない」とあることを紹介する。一方，アメリカ同時多発テロ以降「テロリストと戦うためにはやむを得ない」（ラムズフェルド元米国国防長官）という考え方が出てきていることを紹介する。アメリカやドイツの大学教授も，「テロの脅威」に鑑みて拷問禁止の見直しを求めたり（W＝ブルッガー），裁判官の「拷問令状」のような法規制の下で拷問を認めていくことが提言されていたり（A＝ダーシュヴィッツ）することを紹介して考えを深めさせる。

第3に，各班で話し合った結論を発表させたり，結論と理由を黒板に書かせたりして，クラス全体で共有する。

第4に，各班の意見を踏まえて，もう一度自分の考えを書かせる。このとき，第1段階の意見と今回の意見は変えてよいことを伝える。

第5に，「では，みんながこれまで勉強してきた日本国憲法ではどうなっているのだろう」と問いかけ，憲法第36条を提示し「公務員による拷問及び残虐な刑罰は，絶対にこれを禁ずる」と書かれていることを確認する。日本国憲法で「絶対に」という例外を認めない強い表現はここでしか出てこないことを伝え，ここまで強い表現になったのは，戦前の特別高等警察による拷問の歴史，ナチスによる暴虐の経験があることを解説する。そして，最後に拷問が認められる社会になったら，人権が脅かされる社会になってしまうことを確認して授業を終わる。

評価の仕方は，各段階で自分の考えやグループの結論を書かせるプリントをつくり，そのプリントで評価を行う。

■ 主な参考文献 ▶

- 水島朝穂『18歳からはじめる憲法』法律文化社，2010
- 眞嶋俊造「正しい拷問？「正拷問論」構築に向けて」，『応用倫理』第4号，2010，pp.13-28

（小貫　篤）

社会権
50 労働基準をつくってみよう

AL ネタ

ネタ→授業化のヒント

経営者と労働者・就活生のロールプレイや，労働基準をみんなでつくることを通して，労働基本権はなぜあるのか考えさせる。

1 2人1組でロールプレイをやってみよう

ある町工場で，オーナーの社長とスキルの低い社員との賃金交渉。

社員：社長！ なんとか給料をあげてくださいよ〜。世の中，だんだん野菜や肉の値段が上がってきてるし，うちの子どもは今年中学受験で塾に行かせたりお金がかかるんですよ。

社長：無理，無理！ 石油の価格が上がって，原材料費が上がってるんだよ。それなのに，親会社からは値下げしろって言われるし……。どうすりゃいいんだ！ うちには給料を上げる余裕なんてないよ。

社員：でもそれじゃ，毎年，同じことの繰り返しじゃないですか！ 去年も社長は同じ説明をしてましたけど，今年も給料は上がらなかったじゃないですか。去年は我慢したんですから，今年こそベースの金額を5％は上げてもらわないと困りますよ。

社長：ふーん，そんなに言うのなら，いつでも辞めてもらっていいんだよ。今は不景気で，うちで働きたいっていう人は他にいくらでもいるからね。

社員：うう……。

2 授業のねらい・展開・評価

授業のねらいは，労働基本権はなぜあるのか考えさせることである。

授業の展開は，7段階である。第1に，2人1組で上のロールプレイを行う。これは生徒が自由にアレンジしてもよい。

第2に，4人1組で，社長と労働者との交渉では何が問題か考えさせる。この際，本来は契約自由の原則だが，それでは何が問題なのか考えさせる。ヒントとして，就活中の労働者がいた場合，他に負けないために社長に有利

な条件を提示する必要が生じることを伝え，契約自由の原則では，社長が労働者よりも圧倒的に有利になることを説明する。

第3に，この問題を解決するために，どのような方法があるか4人1組で考えさせる。ここでは，①力に差がある当事者に任せずに公正な第三者が決めるという方法，②当事者の力のバランスを回復させて交渉する方法があることに気づかせる。生徒から出ない場合は，教員から教えてもよいと思う。そして，①が労働基準法，②が労働組合法にあたることを，教科書を確認させながら説明する。

第4に，「労働基準を4人1組で話し合い，つくってみよう」と言い，次の内容を考えさせる。2人は経営者，2人は労働者の立場にさせる。
① 1日の労働時間は何時間が上限？
② 休憩時間はどれくらいが妥当？
③ 1週間に休日は何日が妥当？
④ 有給休暇は1年に何日が妥当？
⑤ 会社が社員を辞めさせるときは何日前にいうべきか？
⑥ 牛丼屋で夕方6時から深夜2時までバイトした。バイト代は自給800円。自分がオーナーだったらいくら払う？
⑦ 牛丼屋でバイト中に熱いなべを持とうとして誤ってやけどしてしまった。だれが病院代を払うべきか？

第5に，教科書巻末の「労働基準法」を見て，①〜⑦を確認させる。

第6に，日本国憲法では，使用者に対して弱い立場にある労働者が不当な労働条件で働かされないように労働三権を規定していることを伝え，団結権，団体交渉権，団体行動権を解説する。

授業の評価は，「労働三権とは何か，それぞれ説明せよ」という問いで基礎的基本的知識を確認し，「労働基本権がないと何が問題なのか」という問いで知識が活用できるか確認する。

（小貫　篤）

公共の福祉

51 インフルエンザになると出席停止になるのはなぜ？

導入ネタ

> **ネタ→授業化のヒント**
>
> 生徒にとって身近な話題である「インフルエンザ」から，私たちに認められている権利にも制限される場合があることについて考える。

1 「教育を受ける権利」があるのに学校に登校できないのはなぜ？

通常，発熱で欠席した場合，熱が下がれば学校に登校することができる。しかし，インフルエンザの場合，熱が下がってもすぐに登校できない。このことは，多くの生徒が知っているであろう。そこで，生徒にとって身近な話題である「インフルエンザ」を切り口に，学校に登校することができない理由を考え，発表させる。この際，すぐに，次のような意見が出てくるであろう。

- お医者さんが登校してはいけないといったから。
- クラスのみんなにうつすといけないから。
- インフルエンザは感染症で人にうつす可能性があるから。

意見が出された後，生徒にインフルエンザが出席停止となる根拠（2012年4月1日の学校保健安全法施行規則の一部改訂に伴って，インフルエンザにかかると「発症した後5日を経過し，かつ，解熱した後2日を経過するまで出席停止」）を知らせる。

2 「公共の福祉」によって制限されるのはどのような場合だろう

インフルエンザで出席停止となり，人がもっている権利を行使することが制限されるといったように，社会で共同生活を営むにあたり制約を受ける場合がある。そして，個人の利益のみが保証されるのではないことを確認したうえで，「言論の自由」に着目して，この権利が制限される場合はどのようなとき，グループで話し合わせていく。その話し合い活動を通して，他人の名誉やプライバシーを侵害するような言論の自由は許されないことを把握させていくとよい。

（植田真夕子）

52 新しい人権 これは表現の自由なの？！

導入ネタ

> **ネタ→授業化のヒント**
> インターネットに書き込みをしたり，写真を投稿したりすることは表現の自由に当たるのかを論点として，守られるべき人権について考える。

1　表現の自由だったら何を書き込んでもいいのかな？

　表現の自由は，自由権の一つであり憲法で保障されている権利である。しかし，情報化社会となった今日，この表現の自由をめぐってさまざまな問題が生じている。そこで，生徒にとって身近な「ネット」への書き込みをめぐる問題を取り上げていく。具体例を提示しながら，生徒個人のブログにその書き込みは認められるか，認められないか，生徒に判断させる。

　○自分の好きなタレントのイラストを提示すること。
　○土曜日に授業をすることの是非を問う記事を提示すること。
　○友達のメールアドレスがわかる情報を提示すること。
　○知らない人が一緒に写っている写真を提示すること。
　○家族の名前や趣味，携帯の電話番号を紹介する情報を提示すること。

2　なぜ，それはいけないの？―プライバシーの権利

　上に挙げた具体例をもとにブログ書き込み内容についての可否を判断させた後，「なぜ，それはいいのか，いけないのか」生徒に問う。表現の自由といえども，個人の私生活や秘密を公開してはならない。私たちには，プライバシーの権利が認められている。このプライバシーの意味は，名前，住所，電話番号などの個人情報にまで及ぶ。他人の情報のみならず，自分の家族に関する情報を書き込んでよいか，グループやクラス全体で考えさせ，情報の取り扱いまで言及していく中で，プライバシーの権利についての理解を深める。

（植田真夕子）

新しい人権

53 なぜ，マンション上部は斜面になっているのだろう

AL ネタ

> **ネタ→授業化のヒント**
>
> マンション上部の傾斜に着目させ，新しい人権，環境権の一つである日照権について考える。

1　2枚の写真の違いに着目して生徒に問いをもたせる

　授業の導入で2枚の写真を提示し，工業団地に真四角に建つ自動車工場の形と比較し，住宅地に建つマンションは上部が斜面になっていることを読み取らせる。この写真を比較し相違点を把握させ，学習課題を生徒にもたせる。授業の導入において，このように2つの資料の比較を通して，相違点を発見させることは，生徒にとって「なぜ？」という問いが生じやすくなる。また，学習課題が明確になることは，生徒の主体的な学びを促すことにつながる。

　次に「なぜ，マンション上部は斜面になっているのだろう」という学習課題に対して，生徒に予想を立てさせながら，その予想が成立するかどうかクラスで話し合う。

2　学習課題を生徒に意識させた授業展開を

展開	○主な問いと学習活動	＊指導上の留意点
導入	○この2枚の写真の違いは何だろう。	＊工業団地に建つ工場と住宅地に建つマンションの写真を提示し，建物の形の違いに着目させる。 ＊建物の周りの違いも読み取らせる。
	《学習課題》 「なぜ，マンション上部は斜面になっているのだろう」	
	○問いに対して予想を立てる。 ○予想の検証に向けて，予想をグループ化する。	＊多様な意見を出させるために，生徒から出される意見を認める。 ＊同じような予想を一つにまとめて，ありえないような予想については，クラス全体に

展開	○予想の検証を行う。	問いかけて精選する。 ＊周辺住民の日照権を確保するために，マンション上部は斜面になっていることを資料から読み取らせる。 ＊広い工業団地に建つ工場には，周辺住民への影響がほとんどないことを写真資料で確認する。
	○学習課題の答えをまとめる。	＊資料から読み取ったことをもとに，まとめをノートに書かせる。
	《本時の理解目標である習得させたい説明的知識》 マンション開発によって周辺住民への日照がさえぎられないようにするために，マンション上部は斜面になっている。	
まとめ	○新しい人権である環境権について理解する。	＊本時の授業で学習した日照権を例に，人間らしい生活環境を求める権利として環境権が主張されるようになったことを理解させる。 ＊生徒が習得している知識から環境を保全するための取組について想起させ，その取組も環境権の実現を目指すものであることを確認する。

3 持続可能な社会の実現を目指して

　環境を保全することは，持続可能な社会の実現に向けて重要なことである。
　無秩序な開発や発展は，自然を破壊したり人間に対して健康被害を及ぼしたりすることとなる。そのことについて，生徒はこれまでの学習を通して習得している。その既習知識を活用しながら，環境保全と開発の両立を目指した取組について考えていく。そして，その取組を支えるために，環境基本法が制定されたり，環境アセスメントを行ったりしていることを把握させる。

（植田真夕子）

新しい人権

54 私たちにはどのような権利が認められているの？

> ネタ→授業化のヒント

「臓器提供意思表示カード」を教材にして，憲法に明文化されていない人権が誕生している社会背景について考える。

1 「新しい人権」の一つ，自己決定権って何？

自分の生き方や生活スタイルについて自由に決める権利であり，私たち国民一人ひとりに保障されている。この自己決定権をはじめとした「新しい人権」は，憲法で認められている幸福追求権や生存権を根拠に主張されている。このような権利が誕生してきた社会背景について考える授業を，次のように展開する。

2 授業展開例

展開	○主な問い ・学習活動	＊指導上の留意点
導入	○このカードは何だろう。 ・「臓器提供意思表示カード」がどのようなものか知る。	＊実物を提示し，どのような情報が記載されているか読み取らせることで，「提供しない」意思を表示するカードでもあることに気づかせる。
展開Ⅰ	○あなたは，1～3のどれを選びますか。 ・臓器移植をするか，しないか判断する。 ○グループで意見交流をしよう。 ・自分が臓器提供を行うかどうか，判断した理由を発表する。	＊「提供する・しない」と判断した根拠について，ワークシートに記述させる。また，今，判断したことはこの授業に限ることを確認する。 ＊提供すること自体の賛否は問わず，自分で判断したことが尊重されること（自己決定権）を確認し，意見交流させる。 ＊他者の意見に傾聴する姿勢で，異なる判断をした生徒の理由も聞くように指示する。
	○なぜ，このような人権が誕生したのだろう。	＊予想を立てさせてから，年表を掲示して日本国憲法が制定された年と，臓器移植に関

展開Ⅱ	・新しい人権が誕生した社会背景について探究する。	連する出来事が何年かを確認させる。 ＊憲法制定時と現代社会を比較しながら，どのような点が異なるのかについてグループで話し合わせた後，発表させる。
	《本時の理解目標である習得させたい説明的知識》 　近年，医療技術が発達し，これまではなかった患者を救う方法が出てきたため，自身の生命について選択することができるようになった。この動きの中で，尊厳死の考えも議論されるようになった。	
まとめ	○他にもどのような新しい人権があるのだろう。	＊新しい人権として他にも「環境権」「知る権利」「プライバシーを守る権利」などがあることを知らせ，それぞれの権利が誕生した要因を考えさせる。

3　アクティブな活動だけに終わらせない授業展開

　本時の学習活動は，「臓器を移植するか，しないか」を議論することが本筋ではない。生徒自身が，なぜそのような決定（する，しない）をしたのか，その根拠をグループで意見交換（話し合い）することが重要である。その活動を通して，それぞれが下した結論の背景には多様な考えがあり，どれも尊重されるものであることを生徒は理解する。そして，資料から読み取った社会背景から，新しい権利が誕生したことを把握する。

　つまり，活動自体が目的ではなく，生徒が主体的・能動的な活動を行う目的が明確である授業を行えば，アクティブ・ラーニングの有効性が発揮される。

《本時の評価規準》

　自己決定権が誕生した要因について，資料から読み取った情報をもとに考えることができた。［思考・判断・表現］

（植田真夕子）

参政権

55 主権者はあなた！町をよりよくする提案をしよう AL ネタ

> **ネタ→授業化のヒント**
>
> 地域が抱えている課題の改善を目指して，どのような取組をするとよいのかを生徒が考えることで，参政権の一つである請願権について理解を深める。

1 主権者教育の充実を目指して

　主権者教育の充実が喫緊の課題として挙げられる。この課題に対応するために，中学校社会科において「地方公共団体に要望をする請願権」の学習を展開する。生徒は，これまでの学習で「地方公共団体は，法律の範囲内で地域の特徴に応じて法律（条例）を制定することができる」といった知識を習得している。この知識を授業の導入で確認した後，今，地域が抱えている課題についてグループで検討する。検討する際，地域住民の多くが改善を望む課題であるかどうか「公共性」の視点から話し合わせる。そして，グループごとに発表させて，出された複数の課題の中から最重要課題を設定する。

2 要望書を作成して議会に提案しよう

　最重要課題を設定したら，グループに分かれて課題解決に向けた要望書の作成に取り組ませていく。この際，同じような課題を抱えている他の地方公共団体や国が取り組んでいる対策（施策）を調べたり，習得した知識や経験を活用したりして要望書をまとめるように指示をする。

　この学習で重要なことは，実際，議会に要望書を提案する行為自体ではない。生徒が提案する取組が実現可能で魅力的なものであるかどうかである。地域が抱える課題の改善を裏づける理由を明示し，その根拠となる資料を準備し，課題解決に向けた取組案を提案させることが重要である。だからこそ，評価規準は次のようになる。

《**本時の評価規準**》資料をもとに改善を裏づける理由を提示しながら，課題解決に向けた取組を提案することができる。［思考・判断・表現］

3 授業展開例

展開	○主な問いと学習活動	＊指導上の留意点
導入	○これまでの学習を振り返る。	＊生徒の既習知識を確認し，本時の学習で活用させたい知識を想起させる。
展開	○自分たちが住む町の課題（問題点）を整理する。 ○地域が抱える最重要課題を設定する。	＊グループで話し合わせて，地域が抱えている課題を洗い出す。その後，それらの課題は地域住民にとって広く改善が望まれていることであるか検討させる。 ＊要望書を作成する際，そこに書かれている内容は実現可能であるかどうか，グループで十分に検討させる。
展開	《学習課題》 自分たちが住む町をよりよくするための提案をしよう。	
展開	○改善要望書を作成する。	＊提案する要望書が実現可能となる根拠も提示するように指示をする。 ＊この改善案でどのように町がよくなるのか，具体案を提示できるように準備させる。 ＊他の市町村で先行実践されている取組を参考にしてもよいことを知らせる。ただし，その際，そのまま適応させるのではなく，地域の実態にあったオリジナル性が出るようにさせる。
まとめ	○改善案をグループごとに提案する。	＊グループごとに，改善要望書をもとに提案発表を行わせる。 ＊発表を聞く際，参考になった提案や疑問をもった提案はメモをとらせ，意見交流を深めていけるようにする。

（植田真夕子）

地方自治

56 都・道・府・県。一体全体どう違う？

導入ネタ

ネタ→授業化のヒント

「都」「道」「府」「県」という4つの呼び方は何がどう違うのだろうか。これら4つの違いを知ると、地方公共団体の仕組みについて理解が深まる。

1 ネタの紹介

「都」「道」「府」「県」のうち、特別区をもつ東京都と、それをもたない46道府県では、地方公共団体の仕組みが異なっている。一つ目の違いは、東京都にある23の特別区では区長や区議会議員を選挙で選ぶことができるが、46道府県に見られる政令指定都市の区は単なる行政区画にすぎない点である。2つ目の違いは、46道府県では市町村が水道や消防の仕事を担当するが、東京都では特別区ではなく都が担当する点である。3つ目の違いは、46道府県では固定資産税や市町村民税法人分は市町村の財源になるが、東京都では特別区でなく都の財源になる点である。それに対して、「道」「府」「県」は呼び方が違うだけ。1871年当時、京都や大阪には、「みやこ」の意味をもつ「府」という呼び方が使われた。また、「北海道」は、「東海道」「南海道」「西海道」という古代日本の行政区画名に着想を得た造語である。

2 発問の具体例

「東京都にあって、46道府県にないものは何か」「特別区にはあって、46道府県の区にはないものは何か」「特別区にはなくて、46道府県の市町村にあるものは何か」「『府』の意味を辞書で確認しよう」などの発問を投げかけて、「都」「道」「府」「県」の違いに気づかせ、地方公共団体の理解を深めさせたい。

主な参考資料

・「池上彰のニュースそうだったのか」テレビ朝日、2015年6月6日放送
・東京都「都政のしくみ」[http://www.metro.tokyo.jp] 最終閲覧日2015年9月26日

（藤瀬泰司）

地方自治

57 市町村議会に無所属議員が多いわけ

導入ネタ

ネタ→授業化のヒント

都道府県議会に比べて市町村議会は政党に所属している議員が少ない。この理由を探ると、地方議会議員の選び方について目を肥やすことができる。

1 ネタの紹介

右の表の通り、市区議会議員の約6割、町村議会議員の約9割は無所属。町村議会に比べると、市区議会の政党化が進んでいるが、この理由は、町村より人口の多い市区では、有権者が候補者個人の考え方を知ることが難しいため、政党に所属する動機が働くから。しかしながら、同じ政党に所属する候補者が増えるとメリットが減るため、国政や県政ほど政党化は進まない。ちなみに、国政で多くの議席をもつ自民党や民主党*よりも、公明党や共産党が強い理由は、政党の外に強い支持組織を有しているからである。

議会と政党（2013年末）

	市区議会	町村議会
自民党	1634	84
民主党	885	63
公明党	2308	417
みんな	217	20
共産党	1824	753
社民党	268	28
無所属	12371	10017
合計	19852	11398

（出典：砂原庸介『民主主義の条件』東洋経済新報社, 2015年, 36頁）

2 発問の具体例

右上の表を提示して、市区議会や町村議会の無所属率、町村議会よりも市区議会の政党化が進んでいる理由、逆に国政や県政ほど政党化が進まない理由について発問したうえで、無所属が多い市区議会選挙では、私たちはどのようにして情報を集め投票すればよいかという点について考えさせたい。

*2016年3月、民主党に維新の党が合流し、無所属の議員なども参加して、民主党が改称する形で民進党が結成されている。

主な参考文献

・砂原庸介『民主主義の条件』東洋経済新報社, 2015

（藤瀬泰司）

地方自治

58 地方自治は大切だ！

ネタ→授業化のヒント

日本国憲法にあって明治憲法にない章の一つが「地方自治」。この章が新設された理由を探ると，地方自治の大切さを生徒に実感させることができる。

1 ネタの紹介

右の表は明治憲法と日本国憲法の章立て。大きく異なる点は2つ。一つ目は，主権が天皇から国民に移ったため，「臣民」が「国民」に，「会計」が「財政」に変わったこと。2つ目は，第2章「戦争の放棄」と第8章「地方自治」が新しく設けられたこと。第2章が新設された理由は言うに及ばず，第8章が設けられた理由は，戦後の日本が民主主義の政治体制を選択したからである。すべての国民と各地域の住民それぞれに責任を負う2つの政府のあり方を定めることにより，両者の緊張関係のうえに民主主義が発展することを期待しているわけである。

明治憲法と日本国憲法

章	明治憲法	日本国憲法
1	天皇	天皇
2	臣民権利義務	戦争の放棄
3	帝国議会	国民の権利及び義務
4	国務大臣及枢密顧問	国会
5	司法	内閣
6	会計	司法
7	補足	財政
8	なし	地方自治
9	なし	改正
10	なし	最高法規
11	なし	補足

2 授業の提案

① 授業のねらい

第8章「地方自治」が新設された理由は，各都道府県の知事を地域住民の選挙によって選ぶよう定めることにより，地方自治の自立性を高めるとともに，中央政府の政治のあり方を牽制するためであることを説明できる。

② 授業の展開

	教師の主な発問や指示	予想される反応や習得させたい知識
導入	・表を見て,明治憲法と日本国憲法の違いを発見しよう。 ○なぜ第8章「地方自治」は新設されたのだろうか。	・主権が天皇から国民に移行したことにより,「臣民」が「国民」に,「会計」が「財政」に変化。第2章及び第8章が新設された。 ・第2章と同じく戦前の政治の在り方を反省したのではないか。
展開	・戦前,各府県の知事は,どのようにして決められていただろうか。 ・中央政府が各府県の知事を任命すると,どのような問題が起きるだろうか。 ・これらの問題を解決するためには,どうすればよいだろうか。	・各府県の知事は内務大臣が任命した。また,各府県庁の幹部には内務省の役人が派遣された。 ・地域住民の声が地方の政治に反映されにくいのではないか。各府県の知事が中央政府の言いなりになるのではないか。 ・各府県の知事を中央政府の任命ではなく,各地域住民の選挙によって選ぶことが必要である。
終結	・なぜ第8章「地方自治」が新設されたのだろうか。	○知事を地域住民の選挙によって選ぶことにより,地方自治の自立性を保つとともに中央政府の政治の在り方を牽制するため。

③ 評価の仕方

「知事」「選挙」「地方自治」というキーワードを使用させて「第8章『地方自治』が新設されたのはなぜか」という問いの答えを論述させる。

主な参考文献
・新藤宗幸『市民のための自治体学入門』筑摩書房,1994

(藤瀬泰司)

地方自治

59 ふるさと納税は地方を救う？

ALネタ

> **ネタ→授業化のヒント**
>
> 自分で自治体を選び，寄付できるふるさと納税。この制度が地域に与える影響を考えると，自地域の財政や活性化について関心が高まる。

1 ネタの紹介

地方で生まれたにもかかわらず，都会へ移りそこで税金を納める。その結果，地方の自治体は税収不足に陥ってしまう。このような問題意識から2008年に始まったふるさと納税制度。寄付額の2,000円を越える部分について所得税と住民税から全額が控除される。寄付者に特産品などを返礼として送る自治体も多い。寄付金が地方の有効な財源となることが期待される一方で，競争過熱による返礼品の高額化などが危惧されている。

ふるさと納税の寄付額が多かった上位5自治体（2014年）

位	自治体	寄付額（円）
1	長崎県平戸市	12億7884万
2	佐賀県玄海町	9億3205万
3	北海道上士幌町	9億1097万
4	宮崎県綾町	8億3247万
5	島根県浜田市	6億2170万

（出典：『朝日新聞』2015年5月11日付より一部抜粋）

2 授業の提案

① 授業のねらい

各自治体は，ふるさと納税の寄付金で施設整備を行ったり，寄付者に特産品を返礼して地場産業のアピール・振興に努めたりしている。

② 授業の展開

	教師の主な発問や指示	予想される反応や習得させたい知識
	・表（主題なし）の主題は何だろうか。 ・ふるさと納税とはどのような仕組みだろうか。総務省の	・2014年のふるさと納税寄附額の上位5自治体。 ・自分の選んだ自治体に寄付する制度で，2,000円を越える部分については住民税

導入	HPで確認しよう。 ○ふるさと納税は，地域にどのような影響を与えているだろうか。平戸市の場合で考えてみよう。	などから控除される。 ・たくさんの寄付金が集まる自治体は，それを使って様々なサービスを充実させているのではないか。
展開	・たくさんの寄付金が集まるのはなぜだろうか。 ・寄付者に返礼品を送ると，平戸市にはどのようなメリットがあるだろうか。 ・寄付金は，どのように使われているだろうか。	・寄付すると平戸市の豪華な特産物をもらえるからではないか。 ・平戸市の特産物をアピールしたり，地場産業の振興に役立ったりするのではないか。 ・公民館施設や消防機材の充実，児童図書の購入などに使用。
終結	・ふるさと納税は，地域にどのような影響を与えているだろうか。 ・ふるさと納税はいいことばかりだろうか。	○ふるさと納税によって，地域の施設が充実したり地場産業の振興に役立ったりしている。 ・特産品の豪華さをめぐる自治体間競争が激化するのではないか。

③ 評価の仕方

本時の学習を踏まえて，自地域の「ふるさと納税寄附額」「寄附金の主な使途」「寄附者へのお礼内容」について調査するよう宿題を課す。

主な参考文献

- 「ふるさと納税 自治体に明暗」『朝日新聞』2015年5月11日付
- 総務省「ふるさと納税ポータル」[http://www.soumu.go.jp] 最終閲覧日 2015年10月1日
- 平戸市「ふるさと納税特設サイト」[https://furusato-hirado.jp] 最終閲覧日 2015年10月1日

(藤瀬泰司)

国の政治のしくみ

60 国会議事堂の秘密を探ろう

導入ネタ

ネタ→授業化のヒント

国会議事堂の建物の概観，絨毯の色の「なぜ」を探求すると，二院制の役割，天皇の「国事行為」との関連について考察することができる。

1 国会議事堂の建物はなぜ左右対称なのか？

国会議事堂の建物は左右対称にできている。国会議事堂に向かって左側が衆議院，右側が参議院。それぞれの玄関の位置もほぼ左右対称になっている。なぜ左右対称なのか？ それは，2つの院それぞれが法律案などの審議を行う議会であるため。慎重な審議を行うために2つの院を設けているが，両院の議決が異なったりする場合があると「政治が停滞」する可能性がある。そのため，衆議院を「第一院」として衆議院を優越させている。

（関連する問い）

・衆議院と参議院の議席数はどちらが多いか（竣工時）？（A．ほぼ同じ）

2 国会の廊下は何色の絨毯が敷かれているのか？ なぜ，赤色なのか？

国会の廊下は赤色の絨毯が敷かれている。衆議院・参議院それぞれ4600m，厚さ7mm。なぜ赤色なのか？ これには諸説があるようだ。一つ目は，ヨーロッパなどの宮殿に敷かれていた「ロイヤルレッド」という「高貴な赤」の絨毯。これが皇居にも敷かれていたから，とする説。もう一つは，帝国議会当時は，開院式（＝開会式）が天皇の主催で行われていたため，宮中の赤絨毯が国会にも持ち込まれたのではないか，という説。いずれにしても，国会の絨毯と，天皇家とのつながりが想定される。天皇の「国事行為」と関連づけて，学習することが可能になるだろう。

主な参考文献

・参議院ホームページ他

（橋本康弘）

国の政治のしくみ

61 国会議員の秘密を探ろう

導入ネタ

> **ネタ→授業化のヒント**
>
> 「代議士」，バッジ，国会議員の「休み」に着目すると，戦前の議会と現在の議会との関連，「国民の代表」＝国会議員の役割について考察することができる。

1 なぜ，衆議院議員は代議士と呼ばれるのか？

衆議院議員と参議院議員は，いずれも「国会議員」であるが，「代議士」と呼ばれるのは衆議院議員のみ。それはなぜか？ 戦前の議会では，「民選」だったのは「衆議院」のみ。国民の代表として政治に参加できたのは「衆議院議員」のみだった。「国民の代理で議会に参加していた」国会議員を代議士と呼んだ名残が今でも残っている。

2 衆議院議員と参議院議員のバッジは同じか？違うのか？

衆議院議員と参議院議員のバッジは同じか？違うのか？ 答えは，違う。まず，色が違う。衆議院議員のバッジは「赤紫」，参議院議員のバッジは「濃紺」である。また，中に描かれる「菊のご紋章」の大きさも違うようだ。議員の「身分証」としてのバッジだが，これを目印として国会への出入りが可能になるなど「議員の権威」を示している。議会制民主主義における決定者としての議員の役割の重さを示しているといえよう。

3 1年間のうち，国会議員の「休み」はどのくらいなのか？

国会議員の「休み」をどう定義するかが問題になるが，ここでは，通常国会のみを「仕事」とすると，通常国会は会期が150日なので，「休み」は215日となる。ただ，国会議員は「休み」といえども，所属している政党での政策勉強会や，自身の選挙区に戻り，地元の支援者との意見交換，街頭演説などを行っている。国会議員の1年間の「仕事」をまとめてみると，国会議員と国会との「関係性」が見えてきて，興味深い。

（橋本康弘）

62 大臣の秘密を探ろう

国の政治のしくみ

導入ネタ

> **ネタ→授業化のヒント**
>
> 国務大臣の数，内閣総理大臣の1日に着目すると，日本の政治課題や内閣総理大臣の職務の多様性に気づくことができる。

1　日本の国務大臣の数は何人？　諸外国と比べて多い？少ない？

　一般的には，内閣総理大臣と国務大臣は異なるものとする。狭義の整理と，国務大臣を広義に捉える場合があり，国務大臣を広義に捉えると，内閣総理大臣も国務大臣に含まれるが，ここでは，前者の整理で考えたい。

　日本の国務大臣の数は，現在（2015年12月），内閣法の規定によると，14名以内だが，17名まで増やすことができるとされている。日本の国務大臣は，各省庁の長になる場合が多い。アメリカ合衆国の閣僚は15名。フランスの場合は34名（2015年12月）となっている。アメリカ合衆国の閣僚は，各省庁の長のみであり，「閣僚級」も含むと，もう少し数が増える。閣僚の数が「多い」「少ない」は問題ではない。その担当内容が大事で，今の政権がどのような政策課題を重視しているかがわかる。フランスなどは，「地域間平等」担当大臣とか，「エコロジー・持続可能な開発」担当大臣など，日本では，担当用務としていない大臣が存在し，興味深い。

2　日本の内閣総理大臣は1日をどのように過ごしているのか？

　「内閣総理大臣の1日」は，各社の新聞にも示されているので，記事を確保しやすい。首相官邸のホームページ（http://www.kantei.go.jp/）からも詳しい情報を入手できる。マスコミ報道を賑わすのは，「夜，総理が誰と会食しているのか」といったことが多いが，「内閣総理大臣の職務」がどのようなものか，どれだけ多岐にわたっているのか，がよくわかる。ちなみに，アメリカ合衆国の大統領は，多くの職務を担当大臣に任せるタイプ（スケジュールはゆるやか）と，多くの職務をこなすタイプに分かれるそうだ。

（橋本康弘）

63 法曹三者の秘密を探ろう

国の政治のしくみ / 導入ネタ

> **ネタ→授業化のヒント**
>
> 裁判官の給与や検察官のバッジ，刑事裁判における弁護人の必要性に着目すると，三権としての司法権，検察官の役割，刑事裁判における弁護人の役割に気づくことができる。

1 最高裁判所長官の給与はどのくらいか？

　少し下品な問いと思われる方もおられるだろう。実は，最高裁判所長官の給与は，内閣総理大臣とほぼ同額，衆参両院議長よりも多くなっている。マスコミの扱いは，内閣総理大臣が圧倒的で，子どもは「内閣総理大臣は偉い」と考えているかもしれないが，給与面で見ると，最高裁判所長官も「三権の長」としての待遇を受けている。ちなみに平成19年度の資料では，その給与は，年収5000万円を超えていた。

2 検察官のバッジのデザインはなぜこのようなデザインなのか？

　あるドラマでも話題になった，検察官のバッジ。このバッジは検察官の役割を示すものである。「秋霜烈日（しゅうそうれつじつ）」のバッチと呼ばれ，秋に下りる霜と夏の厳しい日差しを意味し，厳正な検事の職務を示すものとされている。

3 弁護人がいなくても刑事裁判は開ける？

　法廷の様子がよく教科書に示されている。刑事裁判の写真の場合，裁判官・裁判員を挟んで，検察官と弁護人が着席している。この写真を見ると，刑事裁判では必ず弁護人がいることが想定される。しかし，刑事訴訟法第289条には，「死刑又は無期若しくは長期3年を超える懲役若しくは禁錮にあたる事件を審理する場合には，弁護人がなければ開廷することはできない」としており，この規定を踏まえ，弁護人がいない場合でも刑事裁判を開ける場合があることがわかる。ただほとんどの場合は，弁護人が必要であり，国選を裁判官がつける場合もあるようだ。

（橋本康弘）

国の政治のしくみ

64 議員定数削減問題，本当に日本の議員の数は多いのか？

ネタ→授業化のヒント

国会議員定数削減問題は，「国会の地位としくみ」「国会（議員）の仕事」「議院内閣制」とも関連づけられる論題で，ダイナミックな政治学習が可能になる。

1 国会議員定数削減問題とは？

各政党は，よく公約として「国会議員の定数削減」を掲げる。「国会議員定数削減問題」は各政党の利害が絡む問題で，国民受けが良い政策と考えられている。この背景には，国会議員の資質の問題（居眠り政治家の存在など），国会議員のもつ特権の問題，国会議員の「高額」な給与の問題といった国会議員を巡る国民目線の厳しさがあると考えられる。また，肌感覚として，日本の国会議員の数は多いと感じている国民もいるのではないか。他に，この問題は，単に国会議員の定数を削減する，といった問題だけに止まらず，「比例区を減らすのか否か」「選挙区の議員を減らすのか否か」といった選挙制度改革の問題ともリンクする。中学生が学習するうえでどこまでを射程とするのか，授業化を図る前に考察する必要がある。一方で国会議員の定数削減問題は，「国会議員とは何か」「国会の役割とは何か」などについても幅広く考察できる問題であり，国会の学習をダイナミックにつくり上げるうえで，適切な課題といえる。

2 国会議員定数削減問題を考察するうえでの問いとは？

国会議員定数削減問題を考察する際に必要な問いは，以下の通りである。なお，ここでは，例えば，衆議院の定数を減らす場合で考察してみる。

◎国会議員の役割は何か。
○国会議員の定義：議員の任期，被選挙権年齢など。
○国民の代表者としての議員の仕事：議員はどのような仕事をしているのか？

教材1：「国会議員の1日」（中根康浩衆議院議員のホームページなど）
　教材から読み取れること：政策勉強会，陳情への対応，委員会での質問，本会議への出席，など。
○国民の代表者としての議員の特権・給与：議員はどのような特権をもち，仕事をしているのか？
教材2：「国会議員の特権」（資料集など）
　教材から読み取れること：
①歳費等を受けることができる：「歳費」「文書交通通信滞在費」「立法事務費」など。
②不逮捕特権，発言・表決の免責特権をもつ。
③国費で負担する公設秘書を3人までもつことができる。
◎国会議員の数は適切な数なのか。
○国民の代表者としての議員数：国民の声を届けるうえで適切な数といえるのか？
教材3：「人口100万人当たりの議員数」「諸外国の議員数との比較」
　教材から読み取れること：日本は，米国よりは人口100万人当たりの議員数は多いが，英国，フランスなどと比べると少ない。
○議会で扱う一人当たりの議案数：どれだけ国会議員としての仕事（法案審議）をしているのか。
教材4：「法律案の提出，成立件数」（内閣法制局ホームページ）
　アメリカ合衆国などと比べると，日本の法律案の提出件数などは多い。
◎日本の選挙制度はどうなっているのか。
◎議院内閣制とはどのような制度か。
3　国会議員定数削減問題を考察するうえでの論点＝「分析枠組み」とは？
○国会の経費削減（効率化）vs 少数意見の軽視（公正さ）
○議員定数削減によって議会機能は「活性化」するのか否か。
○議員定数削減は議院内閣制を十分に機能させるのか。
　議員主導 vs 官僚主導

（橋本康弘）

国の政治のしくみ

65 首相公選制，我々有権者が首相を選べるようにするのか？

> **ネタ→授業化のヒント**

首相公選制問題は，「国会の地位としくみ」「国会の仕事」「内閣のしくみと議院内閣制」「内閣の仕事」とも関連づけられる論題で，それらの内容を網羅できる。

1 首相公選制問題とは？

　首相公選制問題は，古くて新しい問題である。1961年に中曽根康弘元首相が首相公選制を唱えたが，最近では，首相公選制を綱領に掲げている政党もある。首相公選制は，代表民主制を採る日本の政治制度に，代表民主制と直接民主制を組み合わせた政治制度に変更しようとする，政治制度の背景にある原理・原則を変更しようとする大きな制度改革である。また，議院内閣制と大統領制といった視点で見ると，両者を「折衷」するような案になっている。日本の政治制度とその変革の可能性をダイナミックに考察することができる課題といえよう。

2 首相公選制問題を考察するうえでの問いとは？

　首相公選制問題を考察する際に必要な問いは，以下の通りである。

◎立法権と行政権のそれぞれの役割は何か。

○立法権としての国会の仕事は何か。

○行政権としての内閣の仕事は何か。

◎議院内閣制とは何か。

◎大統領制とは何か。

○アメリカ合衆国を事例に，日本の立法権・行政権との違いを見てみよう。

◎なぜ，首相公選制が必要だといわれているのか（首相官邸「首相公選制を考える懇談会」報告書や「与党の党首選挙＝首相選挙」としての選ばれ方を図示する）。

・与党の中での「派閥の論理」（最大派閥の長が選ばれる）で党首が選ばれ，

首相に就任してきた歴史を踏まえつつ「国民目線とかけ離れたところで首相が選ばれてきた」。

◎首相を国民が選ぶことに賛成？反対？　その理由は何か。

賛成：自分たちの意思で首相を選ぶことができ，首相の選出方法に国会議員による判断ではなく，民意が反映されるからなど。

反対：短期間の選挙で，一国の首相といった最も重大な職務の人を選ぶのは難しいなど。

◎首相を国民が選ぶ制度が実施されるとどのような問題が起こるのか？「議院内閣制」や「国会の仕事」「内閣の仕事」といった視点で考察してみよう。

○首相公選制の図と議院内閣制の図ではどのような違いがあるのか。

教材：議院内閣制のしくみの図，首相公選制のしくみの図（前出「首相公選制を考える懇談会」報告書の本文より作成など）

・首相公選制が実施されると，首相は国民が選ぶことになり，国会議員の中から選ばれない。

・国会議員は国民の選挙で選ばれる。国会の多数を握った政党から首相が選ばれなくなる。そうすると，国会で少数の政党の党首が首相公選で選ばれたら，議院内閣制では政治が停滞することはないが，首相公選制が実施されると政治が停滞する恐れがある。

・国民が選んだ首相を不信任しても良いのか。議院内閣制の場合は，国会（議員）から首相が選ばれていた。その首相に対して，国会が不信任決議をすることができた。国民から選ばれた首相を国会議員が不信任しても良いのか？

・首相の任期をどうするのか，解散制度はどうなるのか？

3　首相公選制問題を考察するうえでの論点＝「分析枠組み」とは？

○直接民意で選ぶ首相か，国会議員が選ぶ首相か。

　　直接民主主義 vs 間接民主主義

○議院内閣制か，変形議院内閣制か。

　　国会に対する信任か，国民に対する信任か。

（橋本康弘）

国の政治のしくみ

66 裁判員制度を導入したことは良かったのか，悪かったのか？

ネタ→授業化のヒント

裁判員制度問題は，「司法権」「刑事裁判と民事裁判」「裁判員制度」とも関連づけられる論題で，理想と現実の難しさを生徒に実感させることができる。

1 裁判員制度とは？

裁判員制度とは言うまでもなく，2009年5月に開始された国民が司法参加する制度であり，実施されて6年以上が経過した。裁判員制度開始後のアンケート調査を拝見すると，裁判員制度自体には肯定的に評価する意見が多くなっているが，自身が「裁判員として参加すること」については否定的な意見が多い（NHK放送文化研究所，世論調査2010年，内閣府「裁判員制度に関する特別世論調査」2007年）。また，否定的な意見の理由としては，「自分たちの判決で被告人の運命が決まるため責任を重く感じる」といった意見が多くを占めている（前出，内閣府調査）。この制度は，立法や行政は「国民の参加」が直接的間接的に担保されているが，司法には「国民の参加」が担保されていなかった（検察審査会は例外的にあるが）こともあり，国民主権原理を踏まえると，この制度の導入自体は意義ある制度だと整理できるが，現実的には，国民が参加することに否定的という，「理想」と「現実」がかけ離れている仕組みとなっている。裁判員制度を巡る諸問題が出てきている現在，裁判員制度の導入について，議論することで，日本刑事裁判の在り方を検討できることは意味がある。

2 裁判員制度問題を考察するうえでの問いとは？

裁判員制度問題を考察する際に必要な問いは，以下の通りである。

◎日本の裁判システムはどのようなものか。

○司法権とは何か。　○裁判を受ける権利とは何か。　○三審制とは何か。

◎刑事裁判とは何か。

○民事裁判と刑事裁判の違いは何か。○刑事裁判手続きはどのようなものか。
○被告人がもつ権利とは何か。
○刑事裁判を巡る課題とは何か：えん罪と再審，死刑制度。
◎**裁判員制度とはどのような制度か。**
◎**裁判員制度を導入したことは良かったのか，悪かったのか。**
良かった：刑事裁判に国民目線が入ることで，多様な角度から事実認定が行えるようになったので，公正な裁判が行えるようになった。
悪かった：職業裁判官のみの裁判のほうが「安定」的な判断が下されていた。
◎**裁判員制度を導入した結果，どのような問題が起こったのか。**
○裁判員制度に対して国民はどのような意識をもっているのか。
教材１：内閣府「裁判員制度に関する特別世論調査」（内閣府ホームページ）
・「冷静に判断できるか自信がない」「裁判官の前で自分の意見を発表する自信がない」「被告人やその関係者の逆恨み等による身の安全」など。
○裁判員自身にかかわる問題とは何か。
教材２：「裁判員裁判 PTSD 訴訟」
・裁判員裁判で残虐な写真を見た裁判員が PTSD を発症した。
教材３：「裁判員の死刑判決破棄２件，無期確定へ」（朝日新聞記事2015年２月）
・裁判員が判断した量刑を控訴審・上告審が不当と判断した。
教材４：「裁判員裁判，死刑と向き合う機会に」（朝日新聞記事2015年12月）
・裁判員が死刑判決を下した被告人の死刑が執行された。死刑判断を行ううえでの裁判員の苦悩。

3　裁判員制度問題を考察するうえでの論点＝「分析枠組み」とは？
○裁判員制度の導入の是非
　国民主権原理の徹底 vs 不徹底
○裁判員制度を導入して刑事裁判は「公正」になったのか否か。
○裁判員が下した量刑を上級審が覆すことの是非
　他の裁判における判示との間の「公正さ」をどう考えるのか，他。

（橋本康弘）

世界平和

67 北極の氷がとけると紛争の火種に？

ネタ→授業化のヒント

地球温暖化の影響で北極の氷がとけることで，北極海航路が開けるというメリットがある一方，資源をめぐる紛争の火種になりかねないことを理解させる。

1 地球温暖化でよいことがある？

地球温暖化の影響で北極の氷がとけることで，北極海航路が開通するといわれる。これによって，日本から欧州の海上輸送にかかる日数が大幅に減るというメリットがある。例えば，日本からロッテルダムまで，マラッカ海峡やスエズ運河を通る従来の航路の場合，約40日かかる。海賊などの影響で喜望峰を回った場合は約50日かかる。しかし，北極海航路なら約30日で日本と欧州を結ぶことができる。つまり，大幅に輸送コストを下げることができるのである。2014年には，日本の海運会社が北極圏海を通る世界で初めての定期航路運航を2018年に開始することを発表している。

2 北極の氷がとけると紛争の火種になる？

一方，北極の海底をめぐる争いが激しくなるというデメリットがある。北極の大陸棚には，未発見原油のうち約30％が，未発見の天然ガスの大部分があると推定されている。これに，露・米・加・スウェーデン・デンマーク・ノルウェー・フィンランド・アイスランドといった沿岸国や英・仏・独・蘭・西・ポーランド・中・韓・日・印・伊・シンガポールなども関心を示している。どの国の領土でもないと定めた南極条約がある南極と違い，北極は国連海洋法条約が適用されるので，公海自由の原則があると同時に，ある国の大陸棚であることが認定されれば排他的経済水域となり，採掘する権利が与えられる。そのため資源をめぐる争いが活発化しているのである。

3 授業のねらい・展開・評価

授業のねらいは，地球温暖化と関連して北極海航路と北極の資源について

学ぶことを通して，資源が紛争の火種になり得ることを理解することである。

授業の展開は，第1に，1979年9月と2011年9月の北極海の海洋の様子の画像を見せ（外務省HPに画像あり），北極の氷の減少を確認する。

第2に，「北極の氷が減ることのメリット・デメリットは何？」と問う。そのうえで，北極海航路の画像を見せたり（外務省HPに画像あり），北極の海底に多くの資源があることを簡単に伝えたりする。

第3に，メリットを考える。北極海航路が確立していない今は，横浜からロッテルダムまでの航路を白地図に描かせ，何日かかるか予想させる。正解は，南シナ海→マラッカ海峡→ソマリア沖→スエズ運河→地中海，約40日である。その際，マラッカ海峡やソマリア沖では海賊が出るため船会社は高い保険料を払っていること，スエズ運河は標準的な貨物船1隻で1回に約1000万円払うことを解説する。北極海航路なら運河の通行料は不要，海賊もいない，航路も航期も短く，費用は4割近く削減できることを伝える。

第4に，デメリットを考える。2007年にロシアが北極点の海底に立てた国旗の写真を提示し「これはどこの，何の写真か？」と問う。そして，ロシアが自分の大陸棚であることを主張するために，海中でも腐らないチタン製の国旗を立てたことを伝え，「その後何が起こったと思う？」と問い，話し合わせる。その際，北極中心の地図を提示し，米・加・露・ノルウェー，デンマーク（グリーンランド）が沿岸国であることを確認する。実際にはカナダやアメリカが北極側の海軍基地や軍備を増強，スウェーデン，デンマークは海底探査や軍艦を派遣しての監視活動を始めている。

第5に，「紛争は資源をめぐって起こることが多い。どうしたらみんなが納得できるか解決策を考えよう」と問いかけて，自分の考えを書かせて発表させる。現実には「北極協議会」という場をつくって各国が話し合いを続けていることを紹介して授業を終える。

評価は，話し合いで積極的に自分の意見を言えたか，航路を白地図に描くことができたか，最後に自分の考えを書けたかをプリントで評価する。

(小貫　篤)

世界平和

68 コカ・コーラは自由の味？ 冷戦の雪どけ

導入ネタ

ネタ→授業化のヒント

コーラやキューバのアメリカ車といった事例を通して，アメリカとソ連が激しく対立していたことを理解させる。

1 コカ・コーラはアメリカ，ペプシはソ連？

冷戦が終わり，東ドイツ市民は飲み慣れたペプシに対し，西ドイツから入ってきたコカ・コーラを「自由の味」と捉えたという。なぜだろうか。

第2次世界大戦中，コカ・コーラは軍需物資として戦地へ送られた。戦後も復帰兵らに好まれ，50年代にはアメリカの代名詞とまでいわれるようになる一方，共産圏では排斥運動も起こった。1959年，「雪どけ」が始まる中，ソ連で開かれた米国産業博覧会に，ペプシの元弁護士だったニクソン副大統領の後押しでペプシコーラが出展される。ペプシを飲むフルシチョフの写真は大きく報道され，ペプシはソ連政府と契約を結んだ最初のアメリカ製品となって共産圏に広がっていった。1989年，マルタ会談によって冷戦が終わり，ベルリンの壁が崩壊。東ドイツ市民は西ドイツから初めて入ってきたコカ・コーラを「自由の味，民主主義の味」と捉えた。

2 なぜキューバには50年代のアメリカ車が走っているのか？

キューバでは1950年代のシボレーなどが走っている。なぜだろうか。

キューバはスペインの植民地だったが，1898年の米西戦争で，アメリカの保護国化する。その後独裁者が生まれるが，1959年，カストロがキューバ革命を起こす。カストロは社会主義宣言をしてソ連の支援を受けることになる。その後，アメリカはキューバとの関係を断絶し，アメリカからキューバにものが入らない状態になった。その結果，キューバでは今でも50年代のアメリカ車が走っているのである。しかし，2015年には，アメリカとキューバの首脳によって国交正常化を進める会談が実現している。

（小貫　篤）

国際社会

69 マグロとODAの深い関係
―日本の国際貢献

導入ネタ

> **ネタ→授業化のヒント**
>
> パナマやインドネシアへのODAと，身近な食文化であるマグロとの関係を考えることを通して，日本の国際貢献の導入とする。

1 ツナ缶のマグロは完全養殖できる？

近畿大学の「クロマグロの完全養殖」は大きなニュースになったが，実はパナマが日本政府のODAを受けて近畿大学と一緒に「キハダマグロの完全養殖」を試みていることをご存知だろうか。

キハダマグロはツナ缶の原料として有名で，世界のマグロ総漁獲量の約65％を占める。しかし，近年は乱獲の影響で数が減少している。パナマは多くのキハダマグロを輸出しているため，数が減少するとパナマ経済は大きな打撃を受けることになる。そこで，パナマ政府はマグロの管理のために日本へ技術協力を要請したのである。こうして日本のODAを受け，2011年から近畿大学と協力してキハダマグロの完全養殖の研究が進められた。2015年には世界初の，稚魚を海上生けすへ移す作業が行われている。

2 生マグロはどこからくるの？

私たちが食べる生マグロの約20％はインドネシアから輸入される。インドネシア最大の漁港がジャカルタ漁港である。実は，ジャカルタ港は1970年代の設計段階から2012年の完成まで日本が援助をしてきた。日本のODAによって岸壁，防波堤，冷凍設備，汚水処理場が整備されて，日本や欧州へ毎日約1億円の水産物が輸出されている。漁港内に100以上の工場があり，近隣の住民約4万人が働く大きな産業に成長している。

このように，ODAは，従来のようにインフラ整備だけでなく，技術支援，平和構築，人間の安全保障も含むようになってきているのである。

(小貫　篤)

70 グアムやタヒチは国家か？

国際社会

導入ネタ

> **ネタ→授業化のヒント**
>
> さまざまな地域のうち，一つの独立した国家とそうでないものを区別し，国際社会を構成する主権国家について考えるきっかけとする。

1 ネタの紹介

まずは，「日本からの新婚旅行先で上位の国や地域はどこか？」と発問（この解答はあまり厳密でなくてよく，旅行会社などが発表するランキングを参考にすればよい）。この問いに対してさまざまな地名が出るが，ここでは海浜リゾート地として有名なハワイ，グアム，バリ島，ニューカレドニア，タヒチ，モルディブを取り上げ，位置を確認する。そのうえで，「これらの地域のうち，一つの独立した国家となっているのはどれか？」と発問する。

そして，モルディブのみが一つの国家であることを確認し，その他はどのような地域なのかを考えるようにして，国際社会を構成する国家，そして各国がもつ主権について考える契機としたい。

上に挙げた6つの地域について，数が多いと思えば3つ程度にまで減らしてもよいし，あるいは歴史的分野や地理的分野での学習の成果を活用して，ホンコン，台湾，シンガポールなどを扱ってもよいだろう。

2 授業のねらい及び展開

導入後の展開ではまず，先に挙げた各地が，主権国家の一部を構成すること，あるいはアメリカ領やフランス領の非自治地域（実際は広範な自治権をもつ）であることを確認し，そして主権国家に関わる基本事項を学ぶ。その後，「国際法」そして「主権平等」「内政不干渉」「領土不可侵」などの概念的な知識を，具体的な事実と結びつけながら学習する。一方で，国家間の対立・紛争，領土問題など実際に見られる諸問題も取り上げ，国際政治では課題が多くあることを捉えさせたい。

（土肥大次郎）

国際社会
71 日本が条約を結んでいる国

導入ネタ

ネタ→授業化のヒント

日本は多くの国々と2国間で条約を締結していることを知り、国際社会の中での国家間の協力について考えるきっかけとする。

1 ネタの紹介

まずは、「日本から比較的距離が近い国はどこか？」と発問。ここでは、東アジア諸国やロシア以外にも、他のアジア諸国やオセアニアの国々など数多く挙げるようにする。そのうえで、「これらの国のうち、日本と2国間で条約を結んでいないのはどこか？」を問う。日本は多くの国と条約を結んでおり、日本が国家として承認するアジアやオセアニアの国のうち、2国間の条約がないのはクック諸島やニウエくらいである。こうした事実から、国家間の協力、国際社会について考えるきっかけとしたい。

なお、北朝鮮については日本は国家として承認しておらず、外交関係はなく、条約も締結されていない。また、条約を結んでいない国として、ロシアを挙げる生徒も多い。確かにソ連／ロシアとは終戦後の平和条約は締結していないが、1956年の日ソ共同宣言で国交は正常化し、現在数多くの条約が結ばれている。その多くは、他国との条約の場合と同様、「条約」という名称が付されることは少なく、「協定」や「交換公文」などの名称が大半である。

2 授業のねらい及び展開

展開ではまず、国際社会を構成する国家に関わる基本事項を確認する。その後、条約などの「国際法」そして「主権尊重」「内政不干渉」といった概念を、具体的事実と結びつけながら理解できるようにする。一方で、国際政治には多くの課題があり、さまざまな問題が生じることも捉えさせたい。

主な参考文献
・外務省HP「条約」

（土肥大次郎）

> 国際社会
72 さまざまな条約

> ネタ→授業化のヒント

中学校社会科で学習するさまざまな条約について，生徒が主体的に基準を設けて分類し，国際社会で大きな役割をもつ条約への理解を深める。

1　ネタの紹介

中学校社会科では，歴史的分野を中心にさまざまな条約を学習する。ここでは，そうした成果を活用しながら国際社会の学習を進める。

中学校社会科の教科書に記載がある条約は，ある出版社の教科書に基づいた場合，次の21の条約となっている。

【地理的分野】
国連海洋法条約

【歴史的分野】
樺太・千島交換条約
北大西洋条約（機構）
サンフランシスコ平和条約
下関条約
南京条約
日英通商航海条約
日米安全保障条約〈公民にもあり〉
日米修好通商条約
日米和親条約

日韓基本条約
日ソ中立条約
日中平和友好条約
ベルサイユ条約
ポーツマス条約
ワルシャワ条約（機構）

【公民的分野】
核兵器不拡散条約
気候変動枠組み条約
子どもの権利条約
女子差別撤廃条約
南極条約

上記以外，日独防共協定など「条約」の名称が付されていない条約の記載もあるが，ここでは授業のしやすさを考慮し，「条約」という名称が付されたものだけを扱う。また，公民的分野にある条約の一部は，既習事項でないものもあろうが，多様な条約を扱えるようにするため，学習対象としたい。

これらの条約は，2国間か多国間か，平時か戦争に関わるものか，どのような内容に関することかなど，多様な分類が可能である。生徒自身が分類の基準を設定し，その基準より条約の分類を行う。分類の基準では，一方的に破棄された条約とそれ以外や，個人の権利を守るための条約とそれ以外，といった特定の条約に焦点を当てたものも出るが，これらも条約や国際法，国際社会に対する理解を深めるうえで有用なものとなる。

2　授業のねらい

・国際社会に対する関心をもち，意欲的に条約の分類に取り組む。
・条約・国際法がもつ多様な性質について考え，それを表現できる。
・国家および国際社会に関する基本事項について知っている。

3　授業の展開

　はじめは，国家及び国際社会に関する基本事項の確認を簡潔に行う。
　その後，「これまでの社会科授業で学習した条約，あるいは自分が知っている条約は何か？」を問い，各自で書き出すようにして，その後は班で，さらに全体で確認し，以後の展開で取り扱う条約を確定する。
　そして，「条約にはどのようなものがあるか？　自分たちで分類の基準を設定し，条約の分類をしてみよう」と指示し，いくつかヒントも与えながら各班3つ程度の基準を設定する。設定後は，班内で分担して分類に取り組む。
　分類を終えたら，班，そして全体で発表を行い，成果を共有する。そうした中で，国際社会の秩序維持に対する条約・国際法の機能を確認する。一方で，かつては不平等な条約もあり必ずしも主権平等ではなかったが，改められてきたこと，或いは一方的に破棄された条約もあったが，国際法・国際社会に関する仕組みは現在も十分には整っていないことなどを捉えていく。

4　評価の仕方

　「授業のねらい」で述べた評価規準について，それぞれ3段階から成る評価基準を設定し，授業中の活動や発表，成果物やテストなどより評価を行う。

（土肥大次郎）

国際社会

73 国際社会における多様性と不寛容

> ネタ→授業化のヒント
>
> 世界文化遺産の調べ学習や好きな遺産の順位づけにより，文化や人々の多様性を確認し，また人間の不寛容より生じる紛争なども調べる。

1 ネタの紹介

【文化や人々の多様性】

　世界文化遺産の中でも日本で特に人気のあるものを8つ程度取り上げて，分担して調べ，どのような遺産かを確認する。そして，自分が特に魅力を感じる遺産を選んで順位づけを行い，その理由を考える。こうした作業を通じ，世界各地には多様で魅力的な文化があり，多様な価値観をもつ人々がいることを確認する。また，同じクラスの中でもさまざまな選択・理由づけが見られることからも，人々の多様性を実感する。

　なお，日本でどの遺産が人気あるかは，一定の信憑性がある資料に基づいていればよいだろう。例えば，NHKの調査による「一番好きな世界遺産」より，次の8つの世界文化遺産を選ぶことができる。

1位	モンサンミシェルとその湾	6位	アンコール遺跡群
2位	マチュピチュ	7位	ガウディの作品群
4位	ベネチアとその潟	9位	エジプトのピラミッド地帯
5位	フィレンツェ歴史地区	10位	タージ・マハル

　なお，この調査での3位と8位は自然遺産である。10位は「姫路城」が同票だが，ここでは多くの中学生に馴染みが薄い南アジアの文化遺産を扱う。

【不寛容より生じる出来事】

　現在では，文化や人々の多様性を重んじるべきと考える人が多くなってきたが，人間の不寛容より生じてきた不幸な出来事は歴史的に数多く存在し，近年・現在も見られる。ここでは，不寛容が一つの要因となって生じる人種

差別などの人権侵害,戦争や地域紛争,テロリズムやゲリラ活動,宗教に関わる対立・問題などについて,特に第2次大戦後のものを調べる。

2 授業のねらい
・国際社会の中で見られる文化の多様性や不寛容の問題などに関心をもち,これらについて意欲的に調べたり考えたりできる。
・世界の文化や人々の多様性について,そして人間の不寛容より生じる問題を,具体的な事実や出来事に基づいて考えることができる。
・有名な世界文化遺産や第2次大戦後の国際社会の諸問題を知っている。

3 授業の展開
文化や人々の多様性,不寛容より生じる出来事は,次のように展開する。

【文化や人々の多様性】
① 生徒が世界遺産を挙げていき,日本で人気がある8つの文化遺産を示す。
② 班の中で分担して8つの遺産を調べ,画像入りレポートを作成し,発表。
③ 各自,特に魅力を感じる遺産を4つ選んで順位づけを行い,理由を記す。
④ 全体の中で発表を行い,文化や人々の多様性に関するまとめをする。

【不寛容より生じる出来事】
① 多様性に対する不寛容により,これまで国際社会の中でどのような問題が生じてきたか,「戦争や地域紛争」などの概念的なレベルで確認を行う。
② 第2次大戦後,国際社会の中で見られた具体的な諸問題を挙げていく(出にくい場合は,ヒントを出したり教科書や資料集を参考にしたりする)。
③ 一人3つの問題(問題の性格や地域が偏らないよう3つ選ぶ)について,(1)問題が生じた背景,(2)経過や被害,(3)結果や影響,の3点から調べる。

4 評価の仕方
「授業のねらい」で述べた評価規準について,それぞれ3段階から成る評価基準を設定し,授業中の活動や発表,成果物やテストなどより評価を行う。

▎主な参考文献
・NHKオンライン「NHK世界遺産,世界遺産人気ランキング」

(土肥大次郎)

国際機関

74 国連事務総長の就任法則を探せ！

導入ネタ

ネタ→授業化のヒント

国連事務総長の任期年数や出身国には法則がある。この法則を探すことで，国連という遠い存在を身近に感じることができる。

1 ネタの紹介

事務総長の任期年数や出身国には法則がある。一つ目は任期。2期10年務める事務総長が多い。2つ目は出身国。3代目以降，アジア→欧州→南アメリカ→アフリカの順に選ばれることが慣習となっている。また，事務総長は安全保障理事会の勧告に基づいて総会で任命されるが，アメリカやロシアなどの大国出身者はいない。

2 発問の具体例

右の表を使って事務総長の任期や出身国の法則について気づかせたい。そのうえで，「日本出身の事務総長は誕生するか」という問いについて話し合えば，国連という国際組織を身近に感じさせることができよう。

歴代国連事務総長一覧

	氏名	出身国	在任期間
1	トリグブ・リー	ノルウェー	1946-1952
2	ダグ・ハマーショルド	スウェーデン	1953-1961
3	ウ・タント	ビルマ	1961-1971
4	クルト・ワルトハイム	オーストリア	1972-1981
5	ハビエル・ペレス・デ・クエヤル	ペルー	1982-1991
6	ブトロス・ブトロス＝ガーリ	エジプト	1992-1996
7	コフィー・A・アナン	ガーナ	1997-2006
8	パン・ギムン	韓国	2006-現在

(国際連合広報センター「歴代事務総長」[http://www.unic.or.jp] 最終閲覧日2015年9月15日より筆者作成)

主な参考文献

・中見利男『国連のナゾQ＆A』日本放送出版協会，2002
・武者小路公秀『ハンドブック 国際連合』岩波書店，1986

（藤瀬泰司）

75 国際機関 サミットは世界の頂上国の集まり？

導入ネタ

ネタ→授業化のヒント

1975年に開催された第1回サミットの首脳集合写真。この写真を使うと，サミットというカタカナ語の政治的経済的な意味が見えてくる。

1 ネタの紹介

1975年に開催された第1回サミット（先進国首脳会議）の集合写真を見てみよう。左からモロ（イタリア），ウィルソン（イギリス），フォード（アメリカ），デスタン（フランス），シュミット（西ドイツ），三木武夫（日本）の順に並ぶ。第1回サミットでは，これら6カ国の首脳がパリ郊外のランブイエ城に集まり，ニクソンショックやオイルショックの対応について話し合った。翌年からはカナダが参加し，1991年のロシアの参加を機に主要国首脳会議に名称が変更されたが，現在ロシアの参加資格は停止されている。

2005年頃までは，参加国のGDPを合わせると世界の約6割を占めていたため，この会議で決まった宣言が世界経済に与える影響は大きかった。しかしながら，現在，世界全体に占めるG7のGDPの割合は5割を下回る。

2 発問の具体例

集合写真を提示して「どこか」「誰か」「いつか」「1975年当時，彼らは何を話し合っただろうか。年表で考えてみよう」「G7のGDPを合わせると，世界全体の約何割を占めていただろうか」「現在はどの程度占めているだろうか」といった発問を投げかけ，世界に与えるサミットの影響力について考えさせたい。

主な参考文献

・栗原 康『G8サミット体制とはなにか』以文社，2008
・「G7中露が『影の主役』」『読売新聞』2015年6月1日付

（藤瀬泰司）

国際機関

76 国連本部がニューヨークにある理由

> ネタ→授業化のヒント
>
> 国連本部はなぜニューヨークにあるのか。誰もが一度は考えたことのあるこの問いの答えを探ると，国連が誕生した当時の世界情勢が見えてくる。

1 ネタの紹介

国連本部がニューヨークにある理由は3つ。一つ目は所在国に関すること。国際連盟が機能しなかった理由の一つはアメリカなどの大国が参加しなかったこと。そのため，多くの国々，とりわけ非西欧諸国が国連本部をアメリカに置くことを望んだ。2つ目は所在地域に関すること。本部を置く場所についてはアメリカとカナダに合わせて22カ所の候補地があったが，西欧諸国が自地域に地理的に近い地域を望んだ結果，国連本部がアメリカ東海岸に置かれることになった。3つ目は所在都市に関すること。J・D・ロック・フェラー2世が現在本部ビルの建つ用地の買収資金を寄付したため，本部がアメリカ東海岸の中でもニューヨークに置かれることになった。

2 授業の提案

① 授業のねらい

国連本部がニューヨークにある理由が，①多くの国々がアメリカの参加を望んだこと，②ヨーロッパに地理的に近かったこと，③本部ビルが建つ用地の買収資金をロック・フェラー2世が寄付したことにあることを説明できる。

② 授業の展開

	教師の主な発問や指示	予想される反応や習得させたい知識
導入	・国連本部はどこにあるだろうか。地図帳で確認しよう。	・国連本部ビルは，アメリカ合衆国のニューヨーク市のマンハッタンに建設されている。

	○国連の本部がアメリカのニューヨークにあるのはなぜだろうか。	・アメリカが一番力をもっていたからではないか。ニューヨークが栄えていたからではないか。
展開	・国連に参加する国々の多くがアメリカに本部を置くことを望んだが，それはなぜだろうか。 ・国連本部がアメリカの東海岸に設置されたのはなぜだろうか。 ・国連本部が東海岸の中でもニューヨークに設置されたのはなぜだろうか。	・国際連盟が機能しなかった理由の一つは大国の不参加。そのため，多くの国々が国連の本部をアメリカに置くことを望んだ。 ・国連に参加するヨーロッパ諸国が地理的に近い場所に国連本部が設置されることを望んだから。 ・現在本部ビルが建設されている用地の買収資金を，J・D・ロック・フェラー2世が寄付したから。
終結	・国連の本部がアメリカのニューヨークにあるのはなぜだろうか。	○国連本部がニューヨークにある理由は，①多くの国々がアメリカの参加を望んだこと，②ヨーロッパに近かったこと，③現在本部ビルが建つ用地の買収資金をロック・フェラー2世が寄付したこと，である。

③ 評価の仕方

「アメリカ」「ヨーロッパ」「ロック・フェラー」という用語を使って，「国連本部がニューヨークにあるのはなぜか」という問いの答えを論述させる。

主な参考文献
・加藤俊作『国際連合成立史』有信堂高文社，2000
・中見利男『国連のナゾQ&A』日本放送出版協会，2002

(藤瀬泰司)

国際機関

77 日本は国連の敵？

ネタ→授業化のヒント

国連憲章では，日本が敵国として規定されている。このネタを使えば，「日本は国連の主要加盟国だ」という周知の事実を揺さぶることができる。

1 ネタの紹介

右は，国際連合憲章第107条の敵国条項。「敵国であった国」とは，日本やドイツ，イタリアやハンガリーなど，第2次世界大戦の主な枢軸国を意味している。なぜなら，国際連合という国際機関は，第2次世界大戦に参加した連合国を中心に創設された組織であるからである。もちろん，戦後70年が経過した現在では，この条項は死文化している。そのため，1995年12月11日に開かれた国連総会では，敵国条項の早期削除を求める決議が採択されている。ただし，同条項の削減は実現していない。

国連憲章第107条

> この憲章のいかなる規定も，第二次世界大戦中にこの憲章の署名国の敵であった国に関する行動でその行動について責任を有する政府がこの戦争の結果としてとり又は許可したものを無効にし，又は排除するものではない。

（出典：国際連合広報センター「国連憲章テキスト」[http://www.unic.or.jp] 最終閲覧日2015年9月19日）

2 授業の提案

① 授業のねらい

国連憲章に第107条の敵国条項が設けられた理由は，国際連合が第2次世界大戦の連合国によって創設された国際機関であることを説明できる。また，敵国条項を削除すべきか否かについて自分の考えをもつことができる。

② 授業の展開

	教師の主な発問や指示	予想される反応や習得させたい知識
導入	・国連憲章第107条（前ページ）を読んでみよう。国連憲章が想定している敵国とはどこだろうか。 ○国連憲章に敵国条項があるのはなぜだろうか。	・敵国とは，タイを除く枢軸国（日本，ドイツ，イタリア，ハンガリー，ブルガリア，フィンランド）である。 ・国際連合がアメリカなどの連合軍によってつくられたからではないか。
展開	・第2次世界大戦の連合国には，どのような国々が参加したのだろうか。 ・電子黒板を見て，連合国を構成した国名を確認しよう。	・アメリカ，ソ連，中国，イギリスなどが参加したのではないか。 ・1942年にソ連など，26カ国の代表がワシントンに集まり連合国を結成。1945年には51カ国に拡大。
終結	・国連憲章に敵国条項があるのはなぜだろうか。 ○国連憲章の敵国条項は，削除すべきだろうか。それとも削除しなくてもよいだろうか。	○なぜなら，国際連合とは，第2次世界大戦を戦った51カ国の連合国が創設した国際機関だから。 ○多様な答え（戦後70年が経過した今，敵国条項は死文化しているので削除してよい。世界大戦の悲劇を忘れないために敵国条項は削除しないほうがよい）。

③ 評価の仕方

「連合国」というキーワードを使って，「国連憲章に敵国条項があるのはなぜだろうか」という問いの答えを論述させる。

主な参考文献

・中見利男『国連のナゾQ&A』日本放送出版協会，2002

（藤瀬泰司）

持続可能な社会

78 社会的ジレンマから考える持続可能な社会

導入ネタ

ネタ→授業化のヒント

なぜわれわれは，持続可能な社会を阻害する要因を取り除くことができないのだろうか。ゲームを通して社会的ジレンマ状況を体験させ，より良い社会形成に必要な行動に向かう動機づけとしたい。

●寄付金ゲームをやってみよう

　持続可能な社会を実現するには皆の協力が不可欠である。だが，どうしても「自分一人くらい」と，自己の利益を優先して非協力行動をとり，結果的に社会全体の利益を損ねてしまうケースが多いのも事実である。このような状況を社会的ジレンマと呼ぶ。社会問題の原因の多くはこのような心理に由来することが多いものの，解決は容易ではない。そこで，ゲーム理論の一つである「寄付金ゲーム」の体験を通して，協力の大切さに気づかせたい。

　3人組になり，架空の手持ちのお金100円を寄付するか寄付しないかを選択する。そして寄付金の合計額の2倍を参加者全員に均等に配分する。何回か繰り返し，最終的に得た利益の合計を計算する。このゲームで多くの利益を上げるには，全員が協力行動，つまり，寄付をし続ければよい。3×100×2÷3＝200円となり，最大の利益となる。だが，実際には個人の利益を優先する生徒，全体を優先する生徒と分かれてしまう。例えば，1人だけ寄付し，他の2人がしなかったら，1×100×2÷3＝66の計算式により，寄付をした人が66円，寄付しない人が166円の利益となり，寄付しないほうが得となる。寄付行動（＝協力行動）が当たり前ではなく，個人にとっての最適行動と全体にとっての最適行動が両立しないことを実感させられるだろう。

　同様の構造を抱えた問題は身の回りに多々ある。例えば放置自転車，ゴミのポイ捨てなどが挙げられる。単に「協力しよう」と道徳心に訴えるだけではなく，なぜ協力行動をとれないのか分析し，どうすれば皆を協力行動に向かわせることができるか，その方法を考えることが重要である。　　　（寺本　誠）

持続可能な社会

79 ダイヤモンド・ランキングで考える
―持続可能な社会を実現するためには

導入ネタ

ネタ→授業化のヒント

持続可能な社会を実現するためには，世界からどのような要因を除けばよいだろうか。ダイヤモンド・ランキングの手法で課題を明らかにする。

● ダイヤモンド・ランキングをやってみよう

　ダイヤモンド・ランキングは，抽象的な概念を具体化し，集めた情報を整理したり，相互の関連性を明確にしたりする能力を育成するうえで有効な活動である。ESDとは何か具体的にイメージさせる際に，下図のように自分にとって重要度が高いと考える順に，上からランキングをさせてみるとよい。仲間のランキング結果と比べることで，多様な価値観に気づくこともできる。

　ここでは，成田喜一郎氏が提唱する「ESDを阻害する14の要因」*を参考に，次の14の課題，すなわち，①災害，②環境破壊，③戦争，④資源・エネルギー問題，⑤差別・偏見，⑥経済格差，⑦病気，⑧食糧問題，⑨世界遺産の破壊，⑩宗教対立，⑪情報通信技術の危険性，⑫犯罪，⑬いじめ・虐待，⑭人口問題から，解決すべき緊急度の高い順に9つ選んで並べさせてみる。この活動を通して，

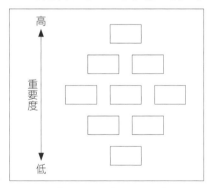

それぞれの課題が互いに結びついていることに気づくことができるだろう。また，ESDの学習の始めと終わりにそれぞれ実施してみることが望ましい。結果が異なってくることもあるし，思考が深まる姿も期待できる。ダイヤモンド・ランキングは，自らが課題を選ぶことで課題解決に向けての主体的な行動につながる点で，ESD学習の中でぜひ位置づけたい活動の一つである。

註* 成田喜一郎（2013）「ESDカリキュラム及び授業デザインの理論と方法―カリキュラム閲覧の方法を探究する―」『東京学芸大学教職大学院年報』pp.1-15

（寺本　誠）

80 「フードデザート」問題を考える
― 持続可能な社会の実現に向けて

持続可能な社会

AL ネタ

> **ネタ→授業化のヒント**
>
> 様々な社会問題を背景とする「フードデザート」問題の解決策を考える活動を通して，持続可能な社会の実現に向けて，自分なりの意見を構築することを目的とする。

● 「フードデザート」問題について考えてみよう

「フードデザート（Food Desert）」とは，「食の砂漠」という意味を表す。「食」と「砂漠」という，一見関連がないように見える語句の組み合わせを導入として提示することで生徒の関心を高めつつ，自分たちも決して無関係ではない切実な問題であることを，実際に調査させて検証していく。

フードデザートとは，安価で良質な生鮮食料品を購入することが困難な中心市街地の一部エリアを意味する。大型総合スーパーの郊外進出が進んだ結果，中心部に立地する中小食料品店や食品スーパーの倒産が相次いだ。そのため，郊外の大型総合スーパーに通えない貧困層は，値段が高く，かつ野菜などの生鮮品の品揃えが極端に悪い雑貨店での買い物を強いられているとして，90年代以降欧米で社会問題化した。近年，日本でも同様の問題が指摘されている。大規模店と小規模店の関係だけではなく，高齢者など社会的弱者の問題，食糧供給の問題，都市開発とコミュニティの変容，産業構造の変化，まちづくりなど，様々な観点から検討されるべき社会的な課題である。

自分たちの家の周辺にはフードデザートはあるのだろうか，と問いかけ，実際に生徒たちに「買い物行動調査」を課し，各家庭における買い物行動を分析させてみる。以下は調査項目の例である。学区域の状況によって，重点ポイントや調査項目を変えて実施するとよい。

問1 この約1か月の間，あなたの家庭では生鮮食料品（野菜・魚・肉）をどんなお店で何回くらい買いましたか。次の①～⑦からお店の種類と回数を選んで下さい。
　①食品スーパー　　②地元商店街　　③百貨店（デパート）

④総合スーパー（衣食住の商品がバランスよく売られているスーパーマーケット）　　⑤コンビニエンス・ストア　　⑥生協などの宅配　　⑦その他
問2　一番よく訪れるお店までの距離はおよそどれくらいですか。
　①500m未満　　②500〜999m　　③1,000〜2,999m　　④3,000m以上
問3　ふだん，そのお店まではどうやって行きますか。
　①徒歩　　②自転車　　③バス　　④自動車　　⑤電車　　⑥タクシー
問4　生鮮食料品を買うにあたって，困っていることはありますか（複数回答可）。
　①家から遠い　　②値段が高い　　③鮮度がよくない
　④仕事・学校帰りに寄れない　　⑤遅い時間まで開いていない
　⑥その他（具体的に書いてみよう）

　さらに，自宅周辺の食料品店の分布図を作成し，発表を行う。小売店が豊富に存在している都市部では，買い物に困難を感じる調査結果はあまり見られないと予想できるが，地元の商店街がさびれてきたことや，生鮮食品を扱う店が限られていることに気づくことが予想される。また，郊外に住む生徒はショッピングモールの進出により，小規模な食品スーパーマーケットや地元商店街が打撃を受けていることにあらためて気づくことが予想される。それぞれが持ち寄った調査結果をもとに，小グループでの話し合いを通して各地域の特色を共有させながら，課題を自分のこととして捉えさせる。

　最終的にはフードデザート問題，あるいは買い物行動調査によって明らかになった地域の買い物問題に対して提案を行わせる。現状では問題を感じていなくても，もし自分が高齢者などの買い物弱者になったとき，現在の買い物行動が維持できるだろうか。この問題の解決のために，法的な規制の確立や行政サービスの改善，地域コミュニティによるネットワークの充実などの持続可能な社会を築いていくための方策が多く提案されることを期待したい。

■主な参考文献▶
・岩間信之編著『フードデザート問題　無縁社会が生む「食の砂漠」』農林統計協会，2011

（寺本　誠）

◆おわりに◆

　本書では,「公民学習」を充実させるために,一つの授業を行ううえで,普段の授業の「アクセント」として用いる「導入ネタ」を提示し,公民学習そのものへの関心を高めることをねらいとしました。また,各々の項目に該当するテーマ・論題(「アクティブ・ラーニングネタ」)を「アクティブ・ラーニング」(討論や議論など)を通して考察することで,公民学習の目的の一つ(「はじめに」参照)の達成をねらいとしました。この2つのねらいを達成するために,本書は企画されました。

　全国各地でご活躍される,諸先生方に提供いただいた「ネタ」。「クイズ形式」の「ネタ」もあれば,「ダイヤモンド・ランキング」といった学習方法を用いた事例などもありました。「働かざる者食うべからず」といったことわざを使った「ネタ」もありました。また,概念の習得を目指すために生徒の身近にある「修学旅行にいつ行けばよいのか」といった課題を設定した学習,などもありました。皆さんは一読され,どのようにお感じになったでしょうか。諸先生方の授業観,授業づくり観,生徒観が提供された「ネタ」にも反映していると筆者は感じ,執筆者各々のスタンスの違いが如実に表れていると思いました。いずれにしても,日々の生徒指導などでご多忙な先生方に少しでもお役に立てるような書籍として出版していますので,お役に立てれば幸いです。

　最後になりますが,ご多忙の中,原稿のご執筆に関してご快諾を賜った分担執筆の諸先生方に心より御礼申し上げます。

　また,本書の刊行をお誘いくださり,ご助言を賜りました明治図書編集部の皆さんに,心より感謝申し上げます。

　　　　　　　　　　　　　　　　　　　　　　　編著者　　橋本 康弘

【執筆者紹介】（＊掲載順　所属・職名は原稿執筆時）

橋本　康弘	福井大学学術研究院教育・人文社会系部門教授
柴田　康弘	福岡県飯塚市立小中一貫校穎田校教諭
大津　圭介	福岡県大野城市立平野中学校主幹教諭
土肥大次郎	長崎大学教育学部准教授
藤島　俊幸	福岡県教育庁福岡教育事務所指導主事
寺本　　誠	お茶の水女子大学附属中学校教諭
森田　史生	福井大学教職大学院准教授・福井大学教育地域科学部附属中学校教諭
山内　敏男	兵庫教育大学大学院准教授
升野　伸子	筑波大学附属中学校教諭
小貫　　篤	東京都立雪谷高等学校教諭
植田真夕子	愛知県弥富市立日の出小学校教諭
藤瀬　泰司	熊本大学教育学部准教授

【編著者紹介】

橋本　康弘（はしもと　やすひろ）

平成7年に広島大学大学院教育学研究科博士課程前期修了後，広島市立大手町商業高校教諭，広島大学附属福山中・高等学校教諭などを経て，平成14年に兵庫教育大学学校教育学部助手，平成16年に福井大学教育地域科学部助教授に就任。平成22年には，文部科学省初等中等教育局教育課程課教科調査官を務める。現在は，福井大学学術研究院教育・人文社会系部門教授。主な編著書に『"法"を教える　身近な題材で基礎基本を授業する』（野坂佳生との編著，2006年），『教室が白熱する"身近な問題の法学習"15選－法的にはどうなの？　子どもの疑問と悩みに答える授業』（2009年）（いずれも明治図書出版）がある。

中学公民　生徒が夢中になる！
アクティブ・ラーニング＆導入ネタ80

2016年7月初版第1刷刊	ⓒ編著者	橋　本　康　弘
2016年10月初版第2刷刊	発行者	藤　原　光　政
	発行所	明治図書出版株式会社

http://www.meijitosho.co.jp
（企画）松川直樹　（校正）井草正孝
〒114-0023　東京都北区滝野川7-46-1
振替00160-5-151318　電話03(5907)6704
ご注文窓口　電話03(5907)6668

＊検印省略　　　　組版所　中　央　美　版

本書の無断コピーは，著作権・出版権にふれます。ご注意ください。

Printed in Japan　　　　ISBN978-4-18-206020-5
もれなくクーポンがもらえる！読者アンケートはこちらから　→

THE教師力ハンドブック
アクティブ・ラーニング時代の教室ルールづくり入門
子どもが主体となる理想のクラスづくり

西川 純 著

アクティブ・ラーニング時代の教室ルールづくりはこれだ!

「アクティブ・ラーニング時代の規律づくりは子ども主体でアクティブに!」教師の表情と声による統率から、子ども主体のルールと規律づくりへ。あの気になる子には誰の言葉がけが有効なのか。新しい教室ルールづくりの基礎基本と理想のクラスづくりのヒントが満載です。

四六判 144 頁
本体 1,600 円+税
図書番号 1965

THE教師力ハンドブック
サバイバル アクティブ・ラーニング入門
子どもたちが30年後に生き残れるための教育とは

西川 純 著

AL入門第2弾。求められる真の「ジョブ型教育」とは?

AL入門、待望の続編。子ども達に社会で生き抜く力をつける授業づくりとは?「答えを創造する力」「傾聴力」「発信力」等、教科学習だからこそ得られる社会的能力が未来を切り拓く!求められる真の「ジョブ型教育」とアクティブ・ラーニング時代の教育の極意を伝授。

四六判 144 頁
本体 1,660 円+税
図書番号 2220

学級を最高のチームにする極意
気になる子を伸ばす指導
小学校編 / 中学校編

成功する教師の考え方とワザ

赤坂 真二 編著

「気になる子」を輝かせる!関係づくりと指導の極意

「困ったこと」ではなく「伸ばすチャンス」。発達が遅れがちな子、不登校傾向の子、問題行動が多い子、自己中心的な子や友達づくりが苦手な子など、「気になる子」を伸ばす教師の考え方・指導法について、具体的なエピソードを豊富に紹介しながらポイントをまとめました。

小学校編
A5判 144 頁 本体 1,660 円+税
図書番号 1856

中学校編
A5判 144 頁 本体 1,660 円+税
図書番号 1857

THE教師力ハンドブック
ハッピー教育入門
主体性&協働力を伸ばす秘訣

金 大竜 著

子どもから全ては始まる!ハッピー先生の教育入門

日本一ハッピーな教室をつくる秘訣とは

子どもは皆、素晴らしい力を持っています。一人ひとりの力が発揮され個性を磨くには、教師が子どもと向き合い成長を手助けすることが大切です。困り感から自立に向けた「主体性」の養い方、競争のみで終わらない「協働力」のつけ方。答えは目の前の子ども達にあります。

四六判 128 頁
本体 1,500 円+税
図書番号 1689

明治図書 携帯・スマートフォンからは **明治図書ONLINE へ** 書籍の検索、注文ができます。▶▶▶
http://www.meijitosho.co.jp *併記4桁の図書番号(英数字)でHP、携帯での検索・注文が簡単に行えます。
〒114-0023 東京都北区滝野川7-46-1 ご注文窓口 TEL 03-5907-6668 FAX 050-3156-2790

*価格は全て本体価格表示です。

学級を最高のチームにする極意
信頼感で子どもとつながる学級づくり
小学校編／中学校編
協働を引き出す教師のリーダーシップ

赤坂 真二 編著

主体性と協働力を伸ばす！ AL時代の学級づくりの極意

アクティブ・ラーニング時代の主体性を育てる教師と子どもの信頼感がスタート！協働を引き出す学級づくりのポイントをエピソードを豊富に交えて紹介しました。成功させるコツに加え，つまづきポイントとリカバリーの方法も入れた必携の1冊。

小学校編
A5判 152頁 本体1,700円+税
図書番号 1859

中学校編
A5判 144頁 本体1,660円+税
図書番号 1860

スペシャリスト直伝！
成功する自治的集団を育てる学級づくりの極意

赤坂 真二 著

学級づくり成功の極意3弾！協働力を高め主体性を磨く秘訣

大好評の『学級づくり成功の極意』待望の第3弾。子どもの主体性と協働力を磨く鍵は「自治」にある！「協同力を高めるチーム学習」「幸福感を高める話し合い活動」「学力基礎を高める日常指導」など，AL時代の学級づくりの鍵となる「自治的集団づくり」の秘訣を伝授。

A5判 192頁
本体1,860円+税
図書番号 1344

10年後の自分を考える！	教師が**20**代で身につけたい**24**のこと
得意分野で勝負する！	教師が**30**代で身につけたい**24**のこと
時代をつくる時が来た！	教師が**40**代で身につけたい**24**のこと

堀裕嗣先生直伝！ 20代〜40代を充実させる秘訣と極意

堀 裕嗣 著

20代，30代，40代の今だからこそ，出来ることがある！教師人生を充実させ，生き抜くために必要な24のこと。「他者性を意識する」「二芸を身につける」「上と下からの要求を調整する」など，具体的な生き抜く秘訣が満載！

図書番号 1945
図書番号 1946
図書番号 1947

四六判 128頁 本体価格 1,500円+税

学級を最高のチームにする極意
集団をつくるルールと指導
小学校編／中学校編
失敗しない定着のための心得

赤坂 真二 編著

学級づくり・集団づくりに不可欠のルール指導成功の極意

学級を最高のチームにする極意，教室ルールづくり編。「集団をつくるルールと指導」について，小学校・中学校における具体的な規律づくりの取り組みを，豊富なエピソードを交えて紹介しました。成功させるコツに加え，つまづきポイントと失敗しない心得も入れた必携の1冊です。

小学校編
A5判 144頁 本体1,600円+税
図書番号 2012

中学校編
A5判 144頁 本体1,600円+税
図書番号 2013

明治図書 携帯・スマートフォンからは **明治図書ONLINE**へ 書籍の検索，注文ができます。

http://www.meijitosho.co.jp　＊併記4桁の図書番号（英数字）でHP，携帯での検索・注文が簡単に行えます。

〒114-0023 東京都北区滝野川7-46-1 ご注文窓口 TEL 03-5907-6668 FAX 050-3156-2790

＊価格は全て本体価格表示です。

会話形式でよくわかる！入門書シリーズ

言葉がけ入門
THE教師力ハンドブック　気になる子への
西川　純 著
会話形式でわかる『学び合い』テクニック

**無理だと諦めない！
あの子を変える言葉がけ**

「なぜ、学校で勉強するの？」無理だとあきらめていた「あの子」を変える、簡単だけど強力な"言葉がけ"に関する三つのノウハウ。『学び合い』を応用して編み出された子どもへの言葉がけの秘訣について、会話形式をまじえてわかりやすくまとめました。『学び合い』を応用した言葉がけの秘訣が満載です。

図書番号1662／四六判
本体1,600円＋税

『学び合い』入門
THE教師力ハンドブック　クラスと学校が幸せになる
西川　純 著
会話形式でわかる『学び合い』テクニック

**『学び合い』って何？
よくわかる入門書決定版**

『学び合い』って何？そんなあなたにぴったりの、最高に分かりやすい解説書。『学び合い』は「教えない」授業形式？いいえ、違います。「一人も見捨てない」という考え方なのです。今、全国で広がりを見せる『学び合い』の神髄を会話形式でまとめた、わかりやすさを追究した入門書の決定版！

図書番号1661／四六判
本体1,600円＋税

見取り入門
THE教師力ハンドブック　子どもたちのことが奥の奥までわかる
西川　純 著
会話形式でわかる『学び合い』テクニック

**子どもは別な物を見ている？
気になるあの子の見取り方**

「あの子がなぜ？」「子どもが考えていることがわからない」。そんな悩みを解決する、簡単だけど強力な"見取り"に関する三つのノウハウ。気になるあの子から、集団の見取りまで。『学び合い』を活用した名人レベルの見取りの極意を、会話形式をまじえてまとめました。

図書番号1664／四六判
本体1,600円＋税

課題づくり入門
THE教師力ハンドブック　子どもが夢中になる
西川　純 著
会話形式でわかる『学び合い』テクニック

**子どもたちが熱中！
意欲を生み出す課題づくり**

「達成したいことは何？」子どもたちに「やろう！」と思わせる簡単だけど強力な"課題づくり"に関する三つのノウハウ。"課題はシンプルに明確に"など通常の授業でも生きる『学び合い』を応用した課題づくりの神髄について、会話形式でわかりやすくまとめました。

図書番号1663／四六判
本体1,600円＋税

ICT活用入門
THE教師力ハンドブック　子どもによる子どものための
西川　純 著
会話形式でわかる『学び合い』テクニック

**子どもたちに「やろう！」と
思わせるICT活用の極意**

「ICT活用は誰のため？」ICT活用の可能性を拡げ、危険性を下げる簡単だけど強力な「ICT活用」に関する三つのノウハウ。子ども達に「やろう！」と思わせ、主体的に動く『学び合い』を応用したICT活用法について、会話形式でわかりやすくまとめました。

図書番号1688／四六判
本体1,600円＋税

学力向上テクニック入門
THE教師力ハンドブック　簡単で確実に伸びる
西川　純 著
会話形式でわかる『学び合い』テクニック

**目からウロコの向上策！
学力を簡単に伸ばす秘訣**

「少人数指導では学力は上がらない？」一生懸命取り組んでも、なぜ効果が出ないのか。「そもそも学力とは」に立ち戻った、学力を簡単で確実に伸ばす三つのノウハウ。『学び合い』を応用した学力向上テクニックについて、会話形式をまじえてわかりやすくまとめました。

図書番号1665／四六判
本体1,600円＋税

明治図書　携帯からは**明治図書 MOBILE**へ　書籍の検索、注文ができます。▶▶▶

http://www.meijitosho.co.jp　＊併記4桁の図書番号（英数字）でHP、携帯での検索・注文が簡単に行えます。

〒114-0023　東京都北区滝野川7-46-1　ご注文窓口　TEL 03-5907-6668　FAX 050-3156-2790

＊価格は全て本体価表示です。

これだけは はずせない！ 中学校社会科単元別
「キー発問」アイディア

平田博嗣 著
【図書番号０４８２・Ａ５判・本体1,700円＋税】

中学校地理・歴史・公民の各単元について，単元展開・授業の核となる「キー発問」を提示し，実際の授業場面を想定した授業展開モデルでその活用の具体例を提案しました。子どもが熱中する"目からウロコ"の授業アイディアが満載。明日の授業にいかせる必携の１冊です。

「活用・探究力」書き込み習得ワーク47

北村明裕 編著
【図書番号０８７１・Ｂ５判・本体1,960円＋税】

活用・探究力の授業プランはこれで決まり！"生徒が熱中する"書き込み式の「面白ワーク」と，生徒と教師の具体的なやり取りを入れた「授業の流れ＆展開例」を見開き２ページでまとめました。基礎をおさえ活用・探究力も身につく！作業も豊富に入れた実践が満載の１冊。

学力を伸ばす
日本史授業デザイン
思考力・判断力・表現力の育て方

土屋 武志・下山 忍 編著
【図書番号０４８０・Ａ５判・本体1,860円＋税】

学習指導要領作成協力メンバーに各分野の専門家・実践家を加えた執筆陣が，歴史の見方・とらえ方のヒントや授業デザインのポイントについて丁寧に解説。各単元ごとに「私の勝負授業！」として"ライブでわかる授業モデル"や＋αの学習活動プランも豊富に収録しました。

「思考力・判断力・表現力」をつける
中学社会科 授業モデル

中学地理授業モデル 図書番号0251 Ａ５判 本体1,600円＋税
中学歴史授業モデル 図書番号0252 Ａ５判 本体1,600円＋税
中学公民授業モデル 図書番号0253 Ａ５判 本体1,600円＋税

小原友行・永田忠道・児玉康弘・峯 明秀 編著

中学社会科科で「思考力・判断力・表現力」をつける授業づくりのポイントについて，教材化の視点や内容，指導の方法をわかりやすく丁寧に解説。授業で使えるプリント・ワークと評価規準も入れて，単元別授業モデルを豊富に提案しました。授業づくりに"必携の１冊"です。

明治図書　携帯・スマートフォンからは　明治図書ONLINEへ　書籍の検索，注文ができます。▶▶▶
http://www.meijitosho.co.jp　※併записい4桁の図書番号（英数字）でHP，携帯での検索・注文が簡単に行えます。
〒114-0023　東京都北区滝野川7-46-1　ご注文窓口　TEL 03-5907-6668　FAX 050-3156-2790

＊価格は全て本体表示です。

生徒が主体的に考え発言したくなる社会科授業づくりの秘訣

子ども熱中！ 中学社会 「アクティブ・ラーニング」授業モデル

北村明裕 編著

A5判・160頁　本体価格1,900円＋税　図書番号1918

「アクティブ・ラーニング」は中学社会でこう実現できる！ディベートやスマートフォンを取り入れた授業から誰もが取り組めるゲーム教材まで。生徒がアクティブに動かずにはいられない授業モデルを分野別に厳選して紹介。教師と生徒の具体的なやり取りも会話形式で収録。

◆掲載内容◆

第1章　子ども熱中！　中学地理「アクティブ・ラーニング」授業モデル
　オーストラリアはなぜ羊毛の輸出がさかんなのか／オーストラリアはなぜ白豪主義をとったのか／「母を訪ねて三千里」を見て南アメリカを大観しよう／豚の食べすぎは森林破壊につながる？／適した気候に適した作物あり。アメリカ合衆国の農業／超高層ビルは世界のどこに多いのか／日本酒を一番多く生産しているのは何県か／菊はなぜ別れの花になったのか／なぜ静岡県は茶の生産がさかんなのか／出稼ぎから考える東北地方／他

第2章　子ども熱中！　中学歴史「アクティブ・ラーニング」授業モデル
　唐・新羅軍が攻めてくる！君ならどこを守る？／奈良時代の貴族は何を食べていたのか？／天神様で誰のこと／プロジェクトM〜クイズでわかる室町時代〜／割れている山の秘密／歌詞から探るインカの悲劇／これはいったい何の地図？／竹やりで本土決戦に備えよ！／他

第3章　子ども熱中！　中学公民「アクティブ・ラーニング」授業モデル
　君は1人暮らしをしたいか？／結婚＝同じ名字はあたり前？／どうすれば上がる？投票率／生まれる前の生命に人間はどこまで関わるべきか／インターネットでの薬販売のルールを考えよう／これはいったい何のマーク？洗濯表示の国際規格／あなたは賛成、反対？核兵器不使用声明／他

付録　子ども熱中！　中学社会ワクワクドキドキゲーム

アクティブ・ラーニングを実現する！『学び合い』道徳授業プラン

西川　純・松下行則 編著

A5判　128頁
本体1,700円＋税
図書番号2340

考え，議論するアクティブな道徳授業づくり決定版！

「考え，議論する道徳授業づくり」には，「みんな」『学び合い』がキーワード。多彩な資料とアクティブな仕掛けで授業が激変します。①授業の道しるべ②準備するもの③指導目標④授業展開モデル⑤成果と振り返りで，道徳授業のアクティブ・ラーニングを完全サポート！

スペシャリスト直伝！授業参観＆保護者会 成功の極意

サークルやまびこ 著

A5判　144頁
本体1,760円＋税
図書番号1359

授業参観・保護者会を成功させる多彩なアイデアが満載！

授業参観や保護者会は，子どもの成長を支える関係づくりのスタートでもあります。保護者にとって，安心と信頼を持ってもらえる授業参観とは？教師と保護者，保護者同士のつながりを生む保護者会とは？成功させる様々なアイデアを1冊にまとめました。

明治図書　携帯・スマートフォンからは　明治図書ONLINE へ　書籍の検索，注文ができます。▶▶▶
http://www.meijitosho.co.jp　＊併記4桁の図書番号（英数字）でHP、携帯での検索・注文が簡単に行えます。
〒114-0023　東京都北区滝野川7-46-1　ご注文窓口　TEL 03-5907-6668　FAX 050-3156-2790

＊価格は全て本体価格表示です。